This is TRENDY HALF!

심우철
하프 모의고사

트렌디한
하프 콘텐츠

Season 1 Season 2 Season 3 Season 4 Season 5

POINT 1. 2025 대비 신경향 하프

심우철 하프 모의고사는 2025 시험을 미리 볼 수 있는
신유형 문제들을 적극 반영하여 출제합니다.
시험 기조 변화로 혼란스러운 수험생에게
올바르고 효율적인 가이드라인을 제시할 것입니다.

POINT 2. 차원이 다른 고퀄리티 실전 문제

심우철 하프 모의고사는 심혈을 기울여 문제를 출제합니다.
실제 시험 출제 경험이 있는 교수, 토익 전문 강사 및 연구원,
수능 출판사 연구원, 그리고 심우철 선생님과 심슨영어연구소가
협업으로 만든 고퀄리티 실전 문제를 제공합니다.

POINT 3. 문제점 파악과 솔루션을 제공하는 강의

심우철 선생님의 하프 모의고사 강의는 특별합니다.
① 왜 틀렸는가? ② 무엇이 부족한가? ③ 어떻게 보완해야 하는가?
세 가지의 요소를 정확하게 짚어주는 클리닉 방식 수업입니다.

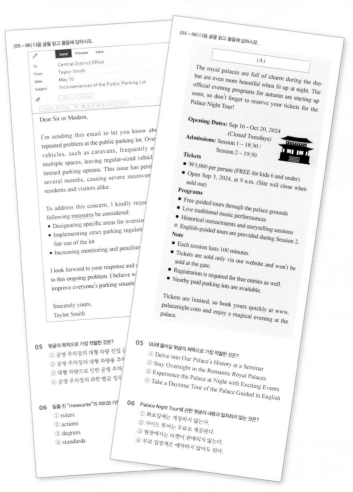

신유형이 적극 반영된 신경향 하프

2025 심우철

구문·문법·독해·생활영어 All in One 전략서

심슨 전략서

1. 한 권으로 완벽 마스터하는 공시 영어 압축 요약서

심슨 전략서 한 권으로 구문·문법·독해·생활영어 전 영역 완벽 대비, 공시생들의 재도전, 초시생들의 기본서 복습 요약을 위한 압축서

2. 심슨쌤만의 유일무이한 문제 풀이 전략

28년의 강의 노하우를 응축시킨 총 59가지 핵심 전략을 통해 심슨쌤만의 특별한 문제 풀이 비법과 스킬 전수

3. 신경향, 신유형 완벽 반영

2025 출제 기조 전환 예시 문제를 철저하게 분석하여 교재에 완벽 반영, 새로운 경향에 맞추어 시험에 나오는 포인트들만을 엄선

4. 풍부한 연습 문제

전략을 적용해 볼 수 있는 풍부한 연습 문제와 더불어 실전 감각까지 늘릴 수 있는 실전 모의고사 1회분 수록

5. 상세한 해설

별도의 책으로 구성된 정답 및 해설서로 빠르게 정오답 확인 및 상세한 해설 파악

6. 암기 노트

문법·어휘·생활영어 추가 학습을 위해 핸드북 형태로 암기 노트를 구성하여 시험 직전까지 핵심 문법 포인트/실무 중심 어휘/생활영어 표현 회독 연습 가능

하프 모의고사

Shimson_lab

2025 심우철 영어
하프 모의고사 시리즈

This is
TRENDY
HALF!

심우철 지음

Season 2

2025
신경향

커넥츠 공단기 gong.conects.com   심슨영어연구소 카페 cafe.naver.com/shimson2000

2025 심우철

하프
모의고사

This is
TRENDY
HALF!

심우철 지음

Shimson_lab

**2025 심우철 영어
하프 모의고사 시리즈**

Season 2

2025
신경향

커넥츠 공단기 gong.conects.com　심슨영어연구소 카페 cafe.naver.com/shimson2000

📋 정답/해설 2p

[01 ~ 02] 밑줄 친 부분에 들어갈 말로 가장 적절한 것을 고르시오.

01

This health product guarantees _____ results, making it a popular choice for those seeking rapid effectiveness.

① safe
② instant
③ continuous
④ profitable

02

Guests can request a replacement for any meal with _____ they are not satisfied at the restaurant.

① that
② what
③ which
④ whose

03 밑줄 친 부분 중 어법상 옳지 않은 것은?

The computer worm ① was designed to take over certain industrial control systems and ② cause the equipment run by those systems ③ to malfunction, giving false data ④ indicated that it is running as intended.

04 밑줄 친 부분에 들어갈 말로 가장 적절한 것은?

A: Hello, I'm calling to notify you that we still haven't received your payment. We need to receive it for your order to be processed.

B: We apologize. I'm afraid we're experiencing some cash flow issues. Could you give us two more weeks?

A: _____?

B: Yes, we guarantee that the payment will be processed within that timeframe.

A: Okay. I'll need to discuss with our finance team and get back to you.

B: Thank you. I look forward to your response.

① How long will the shipment take
② May I have your order code, please
③ Could you tell me why the delay is necessary
④ Are you certain that the payment will be made by then

[05 ~ 06] 다음 글을 읽고 물음에 답하시오.

To	Teresa Rudolph ⟨trudolph@summervillelibrary.org⟩
From	John Wellman ⟨john_wellman@homemail.com⟩
Subject	Historical Documents
Date	April 11

Dear Ms. Rudolph,

My name is John Wellman. I have recently obtained a sizable quantity of historical documents, and I would like to make a gift of them to the Summerville Library.

My ancestor, Ian Wellman, was one of the founders of Summerville in the 1790s. Over the past two centuries, my family has collected a number of historical documents, many of which relate to the city and the surrounding area. Rather than keep these documents locked away at my home, I would prefer to make them available to all local residents.

I propose that we meet in person to discuss this matter in detail. I can also show you the documents so that you will know what you will be receiving. Please call me at (617) 555-0931 when you have time.

Regards,

John Wellman

05 윗글의 목적으로 가장 적절한 것은?

① 역사 문헌을 열람할 수 있는지 문의하려고
② 역사 문헌에 관한 세미나를 요청하려고
③ 역사 문헌의 출처를 알아내려고
④ 역사 문헌을 기증하려고

06 밑줄 친 "matter"의 의미와 가장 가까운 것은?

① issue
② trouble
③ substance
④ consequence

07 다음 글의 주제로 가장 적절한 것은?

In Native American culture, health reflects a person's relationship to nature, broadly defined as the family, the community, and the environment. Every illness is due to an imbalance with supernatural, spiritual, or social implications. Treatment focuses on the cause of the imbalance, not the symptoms, and is holistic in its approach. The sick individual is at odds with the universe, and community and family support is focused on restoring harmony, not curing the disease. Traditional Native American medicine is concerned with physical, mental, and spiritual renewal with an emphasis on balance, harmony, and spiritual well-being.

① scientific basis of traditional medicine
② widely known health myths and remedies
③ traditional health beliefs of Native Americans
④ Native Americans' ways to control infectious diseases

08 밑줄 친 부분에 들어갈 말로 가장 적절한 것은?

Too often in science we operate under the principle that "to name it is to tame it," or so we think. One of the easiest mistakes, even among working scientists, is to believe that labeling something has somehow or other added to an explanation or understanding of it. Worse than that, we use it all the time when we're teaching, leading students to believe that a phenomenon named is a phenomenon known, and that to know the name is to know the phenomenon. In biology especially, we have labels for everything — molecules, anatomical parts, physiological functions, organisms, hypotheses — but that doesn't mean we truly understand them. It's what I and others have called the *nominal fallacy*. It is the error of believing that _____.

① all scientific phenomena have utility
② there is something beyond explanation
③ the label carries explanatory information
④ there is more to science than mere names

09 주어진 문장이 들어갈 위치로 가장 적절한 것은?

However, ethologists — researchers who study biological bases of behavior — claim that expressions of anger, fear, and sadness are built into our biological makeup and are universal.

Is it really true that there are no universal gestures? There is some debate on this point. (①) Some anthropologists claim that no gestures are universal. (②) They point out that even nodding the head up and down to indicate "yes" is not universal, since in some parts of the world, such as areas of Turkey, nodding the head up and down means "no." (③) They point out that even infants who are born blind and deaf, who have had no chance to learn these gestures, express themselves in the same way. (④) This demonstrates that some gestures are innate and transcend cultural differences.

10 다음 글의 내용과 일치하지 않는 것은?

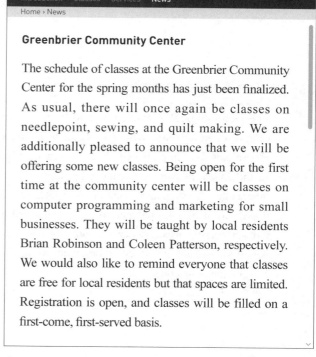

Greenbrier Community Center

The schedule of classes at the Greenbrier Community Center for the spring months has just been finalized. As usual, there will once again be classes on needlepoint, sewing, and quilt making. We are additionally pleased to announce that we will be offering some new classes. Being open for the first time at the community center will be classes on computer programming and marketing for small businesses. They will be taught by local residents Brian Robinson and Coleen Patterson, respectively. We would also like to remind everyone that classes are free for local residents but that spaces are limited. Registration is open, and classes will be filled on a first-come, first-served basis.

① Needlepoint classes have been held previously.
② Computer programming is a new class.
③ The classes are offered at no cost to locals.
④ Class enrollment will be determined by a lottery system.

📄 정답/해설 4p

[01 ~ 02] 밑줄 친 부분에 들어갈 말로 가장 적절한 것을 고르시오.

01

His mood seems to _____ noticeably nowadays — sometimes he is very cheerful and full of energy, and sometimes he appears quite depressed.

① worsen ② improve
③ fluctuate ④ stabilize

02

Even though the twins look nearly identical at first glance, it's actually quite easy to _____ them when you notice the subtle difference in their skin color.

① disguise ② distract
③ discipline ④ distinguish

03 밑줄 친 부분 중 어법상 옳지 않은 것은?

The technological advances ① <u>laid</u> by pioneering computer scientists, who had been working on innovations for approximately 25 to 30 years, ② <u>have set</u> the stage for the groundbreaking development of the Internet three decades ago. These breakthroughs enabled the creation of a global network, ③ <u>transforming</u> virtually every ④ <u>aspect</u> of our lives since then, including how we communicate, access information, work, learn, and entertain ourselves.

04 밑줄 친 부분에 들어갈 말로 가장 적절한 것은?

Claire
Ben, I have to ask you a huge favor. I was supposed to do a presentation at the conference tomorrow, but I've come down with COVID. Would you be able to take my place?
09:17

Ben

Oh, that's terrible. And tomorrow? That's so sudden! I don't have anything prepared.
09:22

Claire
I realize it's last minute, but I was hoping you could do it. You know the project better than anyone else.
09:23

Ben

_____
_____
09:28

Claire

Absolutely. I'll send you the script, data, and everything else you'll need. And I'm here to help you with anything.
09:30

Ben

Alright, I'll give it a shot.
09:32

① Can I at least review the materials first?
② Is there anyone else who could fill in for you?
③ I've spent a lot of time getting ready for this presentation.
④ You'll be an amazing speaker at the conference tomorrow.

(A)

Arthur Stewart, the owner of several businesses including Whitemoor Industries, will give a speech about his life. Mr. Stewart will discuss his early life and explain the personal struggles and challenges he faced, and how he overcame them. Everyone interested in hearing the city's leading businessman is welcome to attend.

The speech will last from 2:00 to 3:00 PM on Saturday, July 12. It will take place at the Farmington Convention Center. Before the speech, a luncheon will be held from noon to 1:30 PM. At the end of his talk, Mr. Stewart will respond to questions from audience members.

Tickets are available by calling (907) 555-8612. The price to attend the luncheon and the speech is $150. Payments are to be made on-site. All proceeds will be donated to the Grace Orphanage, a local charity.

05 (A)에 들어갈 윗글의 제목으로 가장 적절한 것은?

① Grace Orphanage Hosts a Special Event
② Network over Lunch with Business Leaders
③ Seminar on Business Administration Strategies
④ Successful Businessman Gives Talk about His Life

06 윗글의 내용과 일치하지 않는 것은?

① Mr. Stewart owns Whitemoor Industries.
② The luncheon will take place before the speech.
③ Tickets can be booked through online registration.
④ Proceeds from the event will support a good cause.

07 다음 글의 요지로 가장 적절한 것은?

Given existing trends, nuclear power's share of U.S. electricity generation could fall from about 19 percent in 2020 to just 11 percent by 2050, according to the U.S. Energy Information Administration. "The decrease of U.S. nuclear power generating capacity is a result of historically low natural gas prices, limited growth in electricity demand, and increasing competition from renewable energy," wrote Suparna Ray, a survey statistician at EIA, in a recent article on the agency's website. Globally, the International Atomic Energy Agency estimates that nuclear power's share of electricity production could fall from 10 percent to 6 percent by 2050 if current market, technology, and resource trends continue. "The so-called nuclear renaissance is a myth," Ray says, "Only a few countries are building new nuclear power plants with huge subsidies."

① Nuclear power is gaining popularity as a renewable energy source.
② Global electricity demand will decrease as technology advances.
③ The low cost of natural gas makes it an appealing energy choice.
④ The future energy market will likely rely less on nuclear power.

In our old hunter-gatherer environment, action surpassed reflection. Lightning-fast reactions were essential to survival; deliberation could be fatal. When our ancestors saw a silhouette appear at the edge of the forest, they did not ponder over what it might be. They ran away fast. We are the descendants of these quick responders. Though our world today is different and it rewards reflection, outright inaction still remains a cardinal sin. You get no honor, no medal, no statue with your name on it if you make exactly the right decision by waiting — for the good of the company, the state, and even humanity. On the other hand, if you demonstrate decisiveness and fast judgment, and the situation improves, it's quite possible your boss, or even the mayor, will shake your hand. Society at large still _____.

① criticizes those who run away from their fears
② prefers quick action to a wait-and-see strategy
③ thinks of keeping the pace slow as an ideal principle
④ regards deliberate choices of society members as desirable

Interaction between places, or tourism, is a function of travel time and cost. In general, as travel time increases, interaction between places decreases.

(A) There are exceptions to this rule, however. Faraway places may evoke special feelings, making those places seem more exotic and attractive, thus attracting visitors and creating long-distance tourism.

(B) The same is true of costs; as costs increase, interaction between places decreases.

(C) This explains why most travel is within neighboring countries. This general pattern of international tourism reflects the desire to spend as little time and money as possible.

① (A)－(C)－(B)　　② (B)－(A)－(C)
③ (B)－(C)－(A)　　④ (C)－(A)－(B)

Folks all over the world have used common-sense methods of predicting the weather for generations. ① Farmers have noted that when maple leaves curl and turn bottom up in a blowing wind, rain is sure to follow. ② Woodsmen claim they can tell how rough a winter is going to be by the density of lichens on a nut tree. ③ Ranch hands learn that some plants, such as dandelions and clovers, can accurately forecast rain by folding before a storm. ④ In Fiji, flowers are strung together as garlands for ceremonies and festivals or worn as an ornament behind the ear on any given day. Wildflower lovers know that the scarlet pimpernel, nicknamed the "poor man's weather glass," is a flower that closes tightly when rain is on the way.

정답/해설 7p

[01~02] 밑줄 친 부분에 들어갈 말로 가장 적절한 것을 고르시오.

01

> A beep sounded when she tried to enter the gym with her _____ membership card, and she was informed that she needed to renew it to continue using the facilities.

① lost   ② expired
③ extended   ④ upgraded

02

> Had the management agreed to the new strategy, he _____ his role as senior developer.

① will expand   ② has expanded
③ was expanding   ④ would have expanded

03 밑줄 친 부분 중 어법상 옳지 않은 것은?

> She had been ① so immersed in planning the surprise party for her best friend's birthday that she completely forgot ② sending the invitation emails to ③ almost all their friends, leading to a last-minute struggle to make them ④ informed.

04 밑줄 친 부분에 들어갈 말로 가장 적절한 것은?

> A: Hi, I already checked in through the app. I just need to send my luggage.
> B: Good morning. Sure, are you checking in both of these bags?
> A: No, just one. The other is a carry-on.
> B: Okay. Could you please put the bag you're checking in on the scale?
> A: Sure.
> B: It looks like your bag is over the weight limit.
> _____
> A: Well, how much is the fee?
> B: It's $10.
> A: Alright, I'll pay with a credit card.

① Did you already reserve your seat?
② The baggage claim area is too crowded.
③ Will you be okay with an extra charge?
④ Please take all liquids out of the carry-on.

[05~06] 다음 글을 읽고 물음에 답하시오.

	Send	Preview	Save
To	Adrian Murphy ⟨amurphy@blaylock.gov⟩		
From	Alicia Westman ⟨a_westman@canopy.com⟩		
Subject	Today's Meeting		
Date	October 17		

My PC   Browse

Times New ▼   10pt ▼   G G G G G

Dear Mr. Murphy,

I am truly sorry for being unprepared for today's morning meeting. It was my fault that I did not have all of the forms you requested when we spoke on the telephone last week, and I regret wasting your time today.

I spent the entire afternoon today preparing every document that is necessary. I showed them to my attorney, who assured me that I have <u>met</u> the requirements you stated.

I would like to arrange another meeting with you so that we can settle the matter concerning my company, Canopy Interior. I understand you are busy and have limited free time, but I hope you can see fit to find the time in your schedule. I really feel bad and will make sure that something similar never happens again.

Sincerely,

Alicia Westman
Canopy Interior

05 윗글의 목적으로 가장 적절한 것은?
① 회의 관련 서류 작성을 요청하려고
② 회의 준비가 미흡했던 것을 사과하려고
③ 회의를 위해 시간 내준 것에 감사를 전하려고
④ 회의 결과에 대한 만족을 표현하려고

06 밑줄 친 "met"의 의미와 가장 가까운 것은?
① joined
② greeted
③ fulfilled
④ encountered

07 다음 글의 주제로 가장 적절한 것은?

The separate condenser that revolutionized the design of the 18th century steam engine was patented by James Watt. At about the same time, Joseph Black published his investigations into latent heat. The concept of latent heat explains the operation of the separate condenser. Black and Watt were friends, both citizens of Edinburgh during the Scottish Enlightenment, and they doubtlessly discussed their technological and philosophical interests on many occasions. The idea of latent heat and the design of the separate condenser probably evolved together as Black and Watt drew inspiration from each other. Typically, scientists and engineers alike kick new ideas around, gradually altering and elaborating them until they become plausible and useful. In the Black-Watt case it is unlikely that science gave rise to technology, or vice versa; science and technology probably co-evolved. Such co-evolution, or synergy, typifies progress in any discipline and continues indefinitely.

① significance of discovering latent heat
② necessity of claiming your work before others do
③ productive collaboration between science and technology
④ separation of technology from basic scientific research

08 밑줄 친 부분에 들어갈 말로 가장 적절한 것은?

Social loafing refers to the phenomenon where people put in less effort when in groups compared to working alone. In the report that introduced the term social loafing, researchers found that people would reduce their effort if they worked in a larger group and if the output was measured over the whole group. But, when individual outputs were recorded within the group, social loafing disappeared — and this pattern has been observed across a wide range of behaviors. Why does working in a group context reduce individual performance? In a game of tug-of-war, if you do not pull the rope as hard as you can, who will know or care? You cannot accurately assess your own contribution, nor can other people assess how well you are performing. Thus, social loafing can be avoided if _____.

① our behaviors are not recorded in detail
② a person's work can be identified and evaluated
③ we are in competition rather than in cooperation
④ people work in a large group rather than a small one

09 주어진 문장이 들어갈 위치로 가장 적절한 것은?

The study also suggests that luck is a matter of interpretation.

Successful people often say that "you make your own luck," and the results from a study suggest that this is true. If people believe that they are lucky, then they are more likely to continue trying until they succeed at something. (①) Those who think they are unlucky, on the other hand, do the opposite. (②) They rarely try something new because they "know" they will not win, and therefore they can never succeed. (③) When one of the subjects fell down the stairs and broke his arm, for example, he did not think that this was unlucky. (④) On the contrary, he actually felt extremely fortunate — if he had fallen differently, he might have broken his neck.

10 다음 글의 내용과 일치하는 것은?

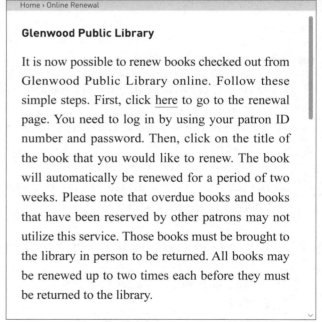

Glenwood Public Library

It is now possible to renew books checked out from Glenwood Public Library online. Follow these simple steps. First, click here to go to the renewal page. You need to log in by using your patron ID number and password. Then, click on the title of the book that you would like to renew. The book will automatically be renewed for a period of two weeks. Please note that overdue books and books that have been reserved by other patrons may not utilize this service. Those books must be brought to the library in person to be returned. All books may be renewed up to two times each before they must be returned to the library.

① It is not possible to renew books online.
② The renewal period for each book is seven days.
③ Overdue books cannot be renewed online by borrowers.
④ The number of online renewals for unreserved books is unlimited.

📋 정답/해설 10p

01 밑줄 친 부분에 들어갈 말로 가장 적절한 것은?

> The spicy salsa sauce perfectly _____ the plain flavor of the grilled chicken, resulting in a balanced and flavorful dish that everyone can enjoy.

① creates
② eliminates
③ complements
④ contaminates

02 밑줄 친 부분 중 어법상 옳지 않은 것은?

> Among her circle of friends ① are Kitty, Lana, and Macklin, the only male of ② them is her fiancé, but she ③ is being convinced by the other two that they had better ④ not marry.

[03 ~ 04] 밑줄 친 부분에 들어갈 말로 가장 적절한 것을 고르시오.

03

> A: Guess what? I was selected to attend the live debate between the mayoral candidates!
> B: Really? That's amazing! What will you be doing there?
> A: I'll be attending as a citizen representative.
> B: That sounds important. _____?
> A: I filled out a civic engagement survey, and was randomly chosen from a pool of respondents.
> B: That's really interesting. It sounds like a great opportunity.

① How did you get selected
② Will the debate be on television
③ How does it feel to run for mayor
④ What are the representatives responsible for

04

 Joseph
I'm curious. When will the new vice president of marketing start?
13:14

 Karen
He's starting next Monday. There'll be an introductory meeting in the afternoon.
13:18

 Joseph
I see. _____
_____?
13:19

 Karen
He has over 15 years of experience in the industry and was previously at a major advertising company.
13:22

 Joseph
Sounds like a great fit for us. Is there anything we need to do to prepare for his arrival?
13:23

 Karen
Just make sure to review the agenda for the meeting.
13:23

 Joseph
Got it, I'll do that.
13:24

① Do you know anything about his background
② What's his plan for the marketing department
③ Are you aware of how long he'll remain as vice president
④ Are we throwing a farewell party for our former boss

(A)

All individuals who are residents of the Westside neighborhood are eligible for a complimentary dental checkup this Sunday, August 18, at the Westside Community Center located at 98 Marble Lane.

Dentists from the Smile Dental Clinic and Dr. West's Dental Clinic will be on site to examine people's teeth. They will also provide free toothbrushes and toothpaste and offer advice on dental health. They can arrange reservations for individuals who require more dental care as well.

Checkups are available on a first-come, first-served basis. All those wishing to avail themselves of this service must provide proof of residence. Children eight and under must be accompanied by a legal guardian.

Checkups will begin at 9:00 in the morning. They will last throughout the entire day and will finish at 5:00 PM. While there is no charge for these services, donations will be gladly accepted.

05 (A)에 들어갈 윗글의 제목으로 가장 적절한 것은?
① New Dental Clinics Open in Town
② Have Your Teeth Examined for Free
③ Seminar on Maintaining Healthy Teeth
④ Full Body Checkup at a Discounted Rate

06 윗글의 내용과 일치하지 않는 것은?
① The event will be held at a community center.
② Dental supplies will be given away to people.
③ The checkups are only available for adults.
④ People who attend the event can give money.

07 다음 글의 요지로 가장 적절한 것은?

Even though humor serves human creativity as one key communication tool, it is not a uniformly positive experience. Humor can build understanding and confidence in relationships, yet it can also dramatically indicate disagreement or discord. Humor unites groups quickly and reveals divisions bitterly. Humor shared may also distance those sharing it from those being mocked or viewed as committing "violations" of a social script. Humor unites communicators through shared meaning, but can also indicate social divisions by identifying who is part of the group and who is not. The distinction of laughing "with" versus laughing "at" emerges as crucial for understanding humor's communication effects.

① A sense of humor can be cultivated by practice.
② Social consensus makes humor fun and meaningful.
③ It is not similarities but differences that yield humor.
④ Humor functions both to integrate and to differentiate.

08 밑줄 친 부분에 들어갈 말로 가장 적절한 것은?

We tend not to notice how many creative tasks benefit from constraints because they are built in and have become invisible. For example, almost all popular music is in 4/4 time, four beats in the bar, with the emphasis usually landing on the first beat. Tracks are normally three or four minutes in length, contain a chorus, and so on. These are just a few constraints of many that popular music follows, and yet look at the variation that can be achieved. Many songs break these rules, but they often achieve their effects because there is a rule to break in the first place. Painters, writers, artists, and so on are all influenced by previous styles to various degrees and it's these previous styles that provide constraints. The very limitations we impose on ourselves can be _____.

① the resistance to taking risks
② the seeds of our finest creations
③ the obstacles to our future success
④ the stepping stone for music education

Thirty years ago, the average person in China or India could afford almost nothing beyond basic food and other simple necessities of life. That poverty was a problem for all of us.

(A) Today, however, China and India have become a new source of growth for the global economy. Hundreds of millions of Chinese and Indians can now spend a lot of money on buying expensive consumer goods.

(B) With so little spending power in the developing world, the global economy was dependent on only a handful of wealthy nations. So global economic growth seemed to reach the limit.

(C) Last year, for example, Chinese and Indians bought 19.9 million new passenger vehicles, 70% more than Americans did. Such a purchase of consumer goods increases demand for the machinery to manufacture those goods; the ships and trucks to transport them; and the people to design and sell them.

① (A)－(C)－(B) ② (B)－(A)－(C)
③ (B)－(C)－(A) ④ (C)－(B)－(A)

Do you know why most modern supermarkets now have bakeries so close to the store entrance? ① Store managers know that the fragrance of just-baked bread attacks your nose and makes you get hungry to the point where you just may discard your shopping list and start picking up food you hadn't planned on buying. ② In fact, the smell of baking bread has proven a profitable exercise in increasing sales across many product lines. ③ It must also be kept in mind that the taste of the bread can be changed simply by using different flavored puddings and adding different ingredients. ④ Some Northern European supermarkets don't even bother to place actual bakeries. They just pump artificial fresh-baked bread smell straight into the store aisles from ceiling vents.

≡ 정답/해설 13p

[01 ~ 02] 밑줄 친 부분에 들어갈 말로 가장 적절한 것을 고르시오.

01

Her response was _____, making it difficult to determine whether she was interested in the offer or not.

① expected
② negative
③ ambiguous
④ straightforward

02

The applicants will ask the office about the exact closing date when they _____ the announcement it posted last night.

① look at
② looked at
③ will look at
④ would look at

03 밑줄 친 부분 중 어법상 옳지 않은 것은?

The format in which cognitive behavior therapy sessions progress ① vary greatly depending on the type of problem ② treated. Early sessions are often more instructional, with the therapist ③ explaining how to use particular techniques, while in later sessions more time is spent ④ applying the new strategies.

04 밑줄 친 부분에 들어갈 말로 가장 적절한 것은?

A: Mark, you're the one who sent our team's projected budget to the finance team, right?
B: Yes, I sent it yesterday. Is there a problem?
A: _____.
B: Let me check... Oh, you're right. I sent them the rough draft instead of the finalized one. I apologize. I'll send an email again.
A: Okay. Please remember to double-check what you send next time.

① They would like to thank you for the quick update
② They asked for our assistance in a new project
③ They still haven't figured out their budget yet
④ They seem to have received the wrong file

[05 ~ 06] 다음 글을 읽고 물음에 답하시오.

	Send Preview Save
To	information.cityservices@westlake.gov
From	irenedavenport@trumont.com
Subject	Financial Services Program
Date	May 4
	My PC Browse

Times New ▼ 10pt ▼ G G G G G ▤ ▤ ▤ ▤

To Whom It May Concern,

I am writing with regard to the new financial services program which has been introduced by the city of Westlake. I am interested in receiving a small business loan from the city for my business, but I need more data.

I am the owner of Trumont, a financial consulting company located at 48 Broadview Road. Business has been improving lately, and I would like to expand the size of my firm. To do that, I want to take advantage of one of the city's low-interest loans being offered.

Unfortunately, the terms required to obtain a loan, as described on the city's website, are unclear. I wonder if someone would be able to answer some of my questions regarding them either by email or in person. Please contact me as soon as possible.

Regards,

Irene Davenport
Owner, Trumont

05 윗글의 목적으로 가장 적절한 것은?

① To request information on a loan
② To deny the application for a loan
③ To apply for a scholarship program
④ To ask for an increase in financial subsidies

06 밑줄 친 "terms"의 의미와 가장 가까운 것은?

① periods
② conditions
③ expressions
④ relationships

07 다음 글의 제목으로 가장 적절한 것은?

Several years ago, seventy-two new auditors joined an accounting firm. McNatt, the lead researcher and a prominent figure in the field, met with half of the auditors, who were assigned randomly, and informed them that they were hired after a highly competitive selection process. He also told them that management had high expectations for their success and that they had the skills to overcome challenges and be successful. Three weeks later, McNatt sent them a letter reinforcing this message. For a full month, the auditors who received McNatt's message earned higher performance ratings than the auditors in the control group, who never met with McNatt or received a letter from him. This was true even after controlling for the auditors' intelligence test scores and college grades.

① Fierce Competition Makes People Productive
② Intelligence Test Scores Tell Us Nothing Useful
③ The More Satisfaction, the Higher the Performance
④ The Power of Encouragement to Help Achieve Potential

08 밑줄 친 부분에 들어갈 말로 가장 적절한 것은?

People make purchasing decisions by choosing between alternatives or by rejecting certain options. But a new study in the *Journal of Consumer Research* finds that focusing on rejecting an option can lead consumers to _____. Why does this happen? When consumers reject options, they need to decide which alternative they do not want, so they focus on options that are less preferred in order to assess if they should reject those options. This shift of focus makes them more likely to notice appealing features of the initially less preferred option. For example, a newly married couple was told to select an apartment to 'reject': an apartment closer to the subway station or a less expensive one farther from the station. Though they initially preferred the former, simply instructing them to decide which one they would like to 'reject' made them more likely to choose the less expensive apartment as their place to live in. Similarly, those who said they would prefer a less expensive apartment selected the apartment close to the station.

① reverse preferences
② solidify their initial thoughts
③ be less influenced by social norms
④ spend more money on their final choice

09 주어진 문장이 들어갈 위치로 가장 적절한 것은?

In contrast, a person who has perfectionistic thoughts about cleanliness may have excessive beliefs that are inaccurate, inflexible, and more harmful than helpful.

For most people, the standards for cleanliness are defined in a way that can be met with little effort, and, for them, keeping clean has more benefits than costs. For example, with minimal effort, keeping clean makes it more likely that others will want to spend time with you. (①) Most people are also able to be flexible regarding their standards for cleanliness. (②) Surgeons may raise the standard and wash their hands more carefully before doing surgery, whereas people who are camping in the wilderness may lower their standards and tolerate being less clean. (③) For example, there are some individuals who wash their hands hundreds of times each day. (④) This repetitive washing may be triggered by perfectionistic beliefs about avoiding contamination from germs, toxins, and other substances.

10 다음 글의 내용과 일치하지 않는 것은?

You might be thinking that lamb and mutton are just different names for the same thing because they are both domestic sheep. However, they have distinct differences, mainly in their age. Lamb refers to sheep that are typically less than 1 year old, whereas mutton refers to sheep older than 1 year. Also, there is little fat on lamb, with meat ranging from tender pink to pale red in color. On the other hand, mutton has an intense red color, and contains a considerable amount of fat. Due to mutton's stronger flavor and tougher texture, it is less favored, leading to most sheep meat in the United States being from lambs. In particular, lamb less than 3 months of age, known as spring lamb, is generally much preferred for its extreme tenderness and milder flavor compared to older lambs.

① The main criterion for distinguishing lamb from mutton is age.
② The fat content of mutton is higher than that of lamb.
③ Most Americans prefer mutton to lamb as meat.
④ Spring lamb has a milder taste than regular lamb.

📋 정답/해설 16p

[01 ~ 02] 밑줄 친 부분에 들어갈 말로 가장 적절한 것을 고르시오.

01

The teacher's unannounced _____ caused a delay in the class schedule, and the school administration had to quickly find a substitute to cover for him for the day.

① duration
② absence
③ guidance
④ expectation

02

The bridge was known to be far from _____, but the authorities did nothing to fix it or restrict its use which eventually led to a terrible accident.

① fragile
② stable
③ feasible
④ imperative

03 밑줄 친 부분 중 어법상 옳지 않은 것은?

Anfield Stadium, originally ① <u>known</u> as Everton Football Club's home and now the historic home of Liverpool Football Club, ② <u>has</u> a terrace grandstand named Spion Kop because it resembles a hill ③ <u>that</u> a famous battle in the South African War was fought, ④ <u>which</u> led to the nickname 'Kopites' for Liverpool's fans.

04 밑줄 친 부분에 들어갈 말로 가장 적절한 것은?

John
Michelle, have you heard of the K-Pass?
10:15

Michelle
Yes, I'm using it myself.
10:17

John
_____
10:18

Michelle
Why are you unsure?
10:20

John
I know it's cost-effective, but I don't use public transportation that often. It doesn't offer cashback for minimal use, right?
10:21

Michelle
That's true, but there are cards that have no annual membership fee, so it doesn't hurt to get one. Plus, there will be times when you need to use public transportation more.
10:23

John
I guess you're right. Thanks for the advice.
10:23

① I'm unable to use it in my region.
② There are many benefits to K-Pass.
③ I'm debating whether I should get one.
④ Does it require an annual membership fee?

(A)

Milford needs your help. Our five city parks are incredibly popular, but not everyone is cleaning up after themselves. As a result, the parks are becoming messy and in need of some serious cleaning.

That's why we are holding "Milford Parks Day" this Saturday, September 3. We need volunteers to assist with the cleanup process at our parks.

How to Apply: Just call the Milford District Office at (555) 432-4340, and let them know which park you'll be visiting and when. You'll be asked to provide some basic personal information to complete your registration.

What to Do: Show up at the park at your selected time, and you'll be assigned to a team of volunteers. Everyone will be provided with work gloves and bags to put trash in.

At the conclusion of the event, there will be a free cookout for all volunteers. The cleanup and cookout will be postponed in case of rain.

05 (A)에 들어갈 윗글의 제목으로 가장 적절한 것은?
① Milford to Build New City Parks
② Stay Active: Exercise with Us at the Park
③ Volunteer to Keep Milford's Parks Beautiful
④ Taste the Best of Milford's Food at the Parks

06 Milford Parks Day에 관한 윗글의 내용과 일치하지 않는 것은?
① 이번 주 토요일에 진행된다.
② 참가를 신청하려면 구청에 전화해야 한다.
③ 참가 신청 시 개인 정보는 불필요하다.
④ 행사 마지막에 식사가 무료로 제공된다.

07 다음 글의 요지로 가장 적절한 것은?

The Apollo 13 incident stands out as one of the most notable and successful examples of scientific and technical crisis management in history. When the spacecraft faced a critical failure in its electrical system, the response team focused solely on what they could control and the actual resources, equipment, and supplies available to the astronauts onboard. They refrained from hypothetical discussions such as "if only we had this" or "I wish we could do that." Instead, they dealt strictly with reality, responding to the crisis using only the resources at hand. Dwelling on what-ifs would have done nothing to solve the problem.

① Do not always expect to beat your competitors.
② Investigate the causes of failure and avoid them.
③ Try to expand options rather than limiting them.
④ Think realistically and focus on available resources.

Our brains seem wired to resist waste, but we are relatively unique in nature for this. Mammals have the fewest offspring in the animal kingdom, and as a result we invest enormous time and care in protecting each one so that it can reach adulthood. However, the rest of nature doesn't work like that. A bluefin tuna can release 10 million fertilized eggs in a spawning season. Perhaps 10 of them will hatch and make it to adulthood. A million die for every one that survives. But there's a good reason for it. Nature _____. It changes DNA, creating failure after failure, in the hope that some new sequence will eventually outcompete those that came before and the species will evolve. In other words, nature tests its creations by killing most of them quickly — the battle "red in tooth and claw" that determines reproductive advantage.

① wastes life in search of better life
② prefers specialization over diversity
③ does not allow resources to be wasted
④ cares for life by keeping it out of harm's way

There are things we simply cannot see or hear. Many stars are beyond our gaze, and we can't see atoms or even the tiny creatures in puddles of rainwater.

(A) A century later, more advanced microscopes were introduced, allowing naturalists to better examine these finer details of anatomy and the wonderful array of tiny life.

(B) Likewise, we can't hear sounds that many birds or mice can. But we can still learn about them, asking questions and using instruments that let us see or hear far better than with our eyes or ears alone.

(C) Such examples are telescopes that let us see further into space, and microscopes that help us see further into the tiny building blocks of living creatures. In the seventeenth century, Antonie van Leeuwenhoek used his small microscopes to look at blood cells and the hairs on a fly's legs.

① (B) — (A) — (C)　　② (B) — (C) — (A)
③ (C) — (A) — (B)　　④ (C) — (B) — (A)

The famous expression, "Keep your friends close, but keep your enemies even closer," was exemplified well in Nelson Mandela's attempt to learn Afrikaans, the language of his enemy. ① Mandela first began to learn the language of the Afrikaners, the white South Africans, in the 1960's, to the disapproval of his followers. ② They thought it was a waste of time, but Mandela felt that it was crucial for gaining insight into the world view of the Afrikaners. ③ By obtaining this perspective of how the Afrikaners looked at the world, he would be able to understand their strengths and weaknesses. ④ In many ways, Mandela's greatest contribution as president of South Africa was the way he chose to leave the presidency. This understanding of the Afrikaners proved to be invaluable later in successfully persuading them to accept his people's demands.

📖 정답/해설 18p

[01 ~ 02] 밑줄 친 부분에 들어갈 말로 가장 적절한 것을 고르시오.

01

Although the CEO claimed that the company was performing well, the internal documents leaked to the press completely _____ his optimistic outlook.

① forged
② brightened
③ announced
④ contradicted

02

It is important that the new policy reflecting the latest regulations _____ clearly to all employees.

① communicate
② will communicate
③ be communicated
④ are communicated

03 밑줄 친 부분 중 어법상 옳지 않은 것은?

Most of the characteristics we associate with old age ① are uniquely human. Among animal species, we have never seen offspring ② took care of the aging parents; it is only the human being ③ who cares for the oldest members of the species, just as only human beings care for ④ the dead.

04 밑줄 친 부분에 들어갈 말로 가장 적절한 것은?

A: Hey Adam, I just wanted to let you know that there's been an update to the cargo schedule for next week.
B: Really? What changes have been made?
A: _____
B: I see. I'll check the updated schedule right away and adjust the plans accordingly.
A: And keep an eye on the new delivery times, especially if you're coordinating with clients.
B: Will do. Thanks for the update!

① How much is the freight charge?
② It appears there were no adjustments made.
③ Apparently, a few shipments have been rescheduled.
④ The figures in our shipping reports are incorrect.

[05 ~ 06] 다음 글을 읽고 물음에 답하시오.

| | Send | Preview | Save |

To: policerequests@mobile.gov
From: orlandojackson@lkt.com
Subject: Salisbury Elementary School
Date: September 4

My PC | Browse

Times New ▼ | 10pt ▼ | G G G G | ≡ ≡ ≡ ≡

Dear Sir/Madam,

I am writing regarding the traffic situation near Salisbury Elementary School in the mornings and afternoons. Vehicles are driving too fast in the school zone, which is an issue that must be addressed.

Two of my children attend Salisbury, and I am concerned about their safety. I walk my children to and from school every day, and on several occasions, I have witnessed vehicles driving much faster than the legal speed limit.

Such driving behavior is unacceptable. I strongly urge that measures be taken, such as posting a police officer near the school or installing speed bumps and additional warning signs, to diminish the hazards in the school zone.

Sincerely,

Orlando Jackson

05 윗글의 목적으로 가장 적절한 것은?
① 학교를 전담하는 경찰관을 칭찬하려고
② 다친 학생들을 위한 보상을 요구하려고
③ 등하굣길을 위한 도로 신설을 제안하려고
④ 학교 주변 교통안전에 대한 대책을 촉구하려고

06 밑줄 친 "posting"의 의미와 가장 가까운 것은?
① replying
② placing
③ publishing
④ announcing

We are already consuming more than one Earth can support. Just as a company can spend more than it earns by selling its assets, we are eating into Earth's capital, which was accumulated over thousands of years. In a report published by a group of leading scientists, it was concluded that we already have exceeded safe planetary boundaries in many respects. We already have surpassed the carrying capacity of Earth, we are at a tenfold rate of bearable biodiversity loss, we extract four times more nitrogen from natural cycles than can be considered sustainable, and we are at the tolerable thresholds of the phosphorus cycle, ocean acidification, and stratospheric ozone depletion. Human civilization is out of kilter with the natural environment. We are using considerably more than one Earth.

① solutions to combat climate change
② ways to prevent the overuse of natural resources
③ importance of maintaining biodiversity on Earth
④ decreasing sustainability of Earth due to overexploitation

One form of persistent irrational belief is the sunk cost fallacy. Suppose you rent a video but you find you don't enjoy it. You might carry on watching it anyway because you paid money for it. Or you might go on holiday when you are still ill and hate every minute of it, but you feel you have to endure it because it cost a lot of money. This is known as the "sunk cost fallacy." It affects very large organizations as well as individuals. If an organization has invested a great deal in an enterprise whose outlook is not very bright, they often continue to pour money into the enterprise because they have already invested heavily in it. But, when deciding what to do in the future, the past should be _____; whatever costs have been sunk into an enterprise are already lost and losing more is not going to bring them back.

① accessible
② irrelevant
③ evaluated
④ overestimated

However, by about 18 months, the toddlers became upset when looking at themselves in the mirror.

By 18 months, remarkable emotional competence emerges in toddlers. They begin to exhibit what scholars call "self-conscious emotions," emotions associated with awareness of a "self" that is judged by others (e.g., guilt, shame, and embarrassment). (①) For example, in one experiment, researchers asked mothers to apply rouge on the nose of their toddlers and place them in front of a mirror. (②) Toddlers younger than 18 months seemed to have no emotional response. (③) Although they did not yet know the word for it, they were experiencing embarrassment. By 18 months, children also begin to develop the ability to feel empathy for the emotional states of others. (④) This level of development is evident when a 2-year-old offers a hug to another child who is crying, as if to say, "I feel better when mom hugs me, so I will hug you."

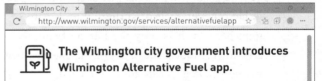

The Wilmington city government introduces Wilmington Alternative Fuel app.

The Wilmington city government has just completed work on a new app which can be used by both residents and visitors alike to their benefit. The name of the app is Wilmington Alternative Fuel, and it shows people everywhere in the city and the surrounding area where they can obtain fuel other than gasoline and diesel. The fuel tracked includes biodiesel, natural gas, hydrogen, and electricity. The app even provides information about the price of each type of fuel and its availability at various locations. Register to be one of the first individuals to use this free app by clicking here. You'll never have to waste time and money searching for alternative fuel again.

① It cannot be used by nonresidents.
② People can use it to locate gasoline.
③ It shows how much different fuels cost.
④ A small fee is required in order to use it.

📖 정답/해설 21p

01 밑줄 친 부분에 들어갈 말로 가장 적절한 것은?

> Scientists have to be _____ in their measurements, or else their conclusions will be flawed and their findings invalid.

① clumsy
② uneven
③ precise
④ creative

02 밑줄 친 부분 중 어법상 옳지 않은 것은?

> ① During the movie with its complicated plot twists plays, I can't help but ② think about the ending, wondering ③ how all the seemingly unrelated storylines will converge and if the protagonist will find the peace he or she ④ seeks throughout the narrative.

[03~04] 밑줄 친 부분에 들어갈 말로 가장 적절한 것을 고르시오.

03

> A: Did Anna take the day off today?
> B: She called in sick. Do you need something from her?
> A: She was supposed to send me a document for tomorrow's conference.
> B: Let me try contacting her and see if she can send it remotely.
> A: _____
> B: Really? Maybe she's taking a nap. Did you leave her a message?
> A: Yes, I left her a voicemail. Hopefully, she gets back to me soon.

① She works from home once a week.
② Do you know what her symptoms are?
③ I already called, but she didn't pick up.
④ She told me that she'll send it right away.

04

Tiffany
Hi, I was wondering if you've finished reviewing my proposal.
09:21

Pulse Design Lab
Yes, we have. We're ready to move forward with it.
09:32

Tiffany
Great. Could I see a design sample before we make a contract?
09:35

Pulse Design Lab
Sure. _____ ?
09:39

Tiffany
Within the next few days would be ideal, but I can wait longer.
09:40

Pulse Design Lab
Okay. We'll reach you if we need any further information.
09:41

① Why do you think this design is the best
② When would you like us to send it to you
③ Are you aware that our design class was canceled
④ Are there specific elements you'd like to see in it

(A)

After taking a break during the winter months, the Needham Farmers' Market is set to resume operations now that spring has arrived. With the return of warmer weather, it's the perfect time to support local vendors and enjoy fresh, seasonal produce.

The farmers' market will take place on the weekends starting April 6 and continuing until June 29. It will be held in the main parking lot of Needham High School.

Local farmers will provide many kinds of produce, both organic and non-organic. There will be fruits, vegetables, nuts, meat products, dairy products, and homemade treats such as pies and jams.

Become a regular at the Needham Farmers' Market and enjoy great tastes and low prices. Don't worry about the weather — the event will take place inside Needham High School should it rain.

05 (A)에 들어갈 윗글의 제목으로 가장 적절한 것은?

① Local Farmers' Market Makes Its Return
② Learn How to Farm Your Own Vegetables
③ Recruiting Vendors for the New Farmers' Market
④ Open Discussion on How to Improve Our Agricultural Market

06 Needham Farmers' Market에 관한 윗글의 내용과 일치하지 않는 것은?

① It was not held last winter.
② It is scheduled for the weekends.
③ It will only feature organic produce.
④ It will proceed rain or shine.

07 다음 글의 요지로 가장 적절한 것은?

After an event, all one has are memories of it. Because most waits expect a desired outcome, it is the memory of the outcome that dominates, not the intermediate components. If the overall outcome is pleasurable enough, any unpleasantness suffered along the way is minimized. Terence Mitchell and Leigh Thompson call this 'rosy retrospection.' Mitchell and his colleagues studied participants in a 12-day tour of Europe, students going home for Thanksgiving vacation, and those on a three-week bicycle tour across California. In all of these cases, the results were similar. Before an event, people looked forward with positive anticipation. Afterward, they remembered fondly. During? Well, reality seldom lives up to expectations, so plenty of things go wrong. As memory takes over, however, the unpleasantness fades and the good parts remain, perhaps to intensify, and even get amplified beyond reality.

① Predictions that neglect reality have no use.
② Reality often fails to satisfy one's expectations.
③ Travel and vacation are life-enriching catalysts.
④ Good outcomes erase bad memories and reinforce good ones.

Some plants do sleep, but their kind of sleep is not like ours and it happens for a different reason. Many flowers, such as the water lily and the daisy, open during the day and close at night. Other flowers, such as the evening primrose and some species of the tobacco plant, close in the day and open at night. This change in position from daytime to nighttime is called "sleep movement." Scientists believe that the reason plants sleep is linked to the way they _____. Insects help to move pollen from plant to plant, which allows the plants to get fertilized. The plants that open during the day are pollinated by the insects that fly during the day. Likewise, those that open at night are pollinated by the insects that fly during the night.

① reproduce
② communicate
③ produce food
④ divide night and day

Most shoes are primarily made of leather due to its durability and flexibility.

(A) For instance, in the tropics where the weather is hot and humid, shoes are often made of breathable materials like canvas or mesh, whereas in the Arctic, insulated boots with thick fur linings are common to withstand extreme cold.

(B) But shoe materials can vary somewhat from one country or region to another, depending on the climate.

(C) Regional customs also dictate shoe materials, such as the traditional wooden shoes in the Netherlands or silk slippers in China.

① (B)－(A)－(C)   ② (B)－(C)－(A)
③ (C)－(A)－(B)   ④ (C)－(B)－(A)

If you lead a busy life and are short of time, you may find that you are eating a full meal only about once a day. From the standpoint of health this is a bad practice. ① You would be treating your body with more consideration if you had several small meals instead of a single big one. ② A given amount of food is used more efficiently by the body if it is spaced throughout the day rather than eaten at one sitting. ③ Such symptoms are likely to occur in people who drink more than five cups of strong black coffee in a single day. ④ People who have large, infrequent meals tend to gain more weight and to have a higher level of fat in the blood than do those who eat smaller quantities (but the same total) at regular intervals.

정답/해설 24p

[01 ~ 02] 밑줄 친 부분에 들어갈 말로 가장 적절한 것을 고르시오.

01

People who _____ the importance of saving early for retirement usually regret later on when their savings fall short of their needs.

① fear
② know
③ stress
④ ignore

02

The local library has begun hosting author events to engage readers, and _____ have major bookstores.

① as
② so
③ either
④ neither

03 밑줄 친 부분 중 어법상 옳지 않은 것은?

An offer given to Nelson Mandela required that he ① renounced the use of violence, but he nonetheless remained ② firm in his commitment to justice and equality, ③ considering renouncing violence would undermine ④ a number of black African struggles against racial discrimination.

04 밑줄 친 부분에 들어갈 말로 가장 적절한 것은?

A: Did you get confirmation from the boss about hiring a new employee?
B: Yes, he agreed. I'm planning to upload the job posting today.
A: Are we using the previous job posting?
B: _____
A: There are actually a few changes that should be made if it's an old one. Can I revise it before you post it?
B: Of course. I'll send the file to you right now.

① No, no one has applied yet.
② Yes, does it need any updates?
③ Yeah, I wrote a new one this time.
④ I haven't decided on which job to take.

[05 ~ 06] 다음 글을 읽고 물음에 답하시오.

✎	**Send**	Preview	Save

To	Veronica Bradley ⟨veronicab@trenton.gov⟩
From	Matthew Sellers ⟨matt_sellers@hatfields.com⟩
Subject	Restaurant
Date	April 6
📎	My PC Browse

Times New ▾ 10pt ▾ G G G G G

Dear Ms. Bradley,

I just received an email notification from Karen Boyd in your office. According to her, my request for a permit for outdoor dining at Hatfields, my restaurant, has been rejected. I wonder if you can explain the reason for this.

I visited your office on March 24 and submitted the requested documents to obtain a permit. I also had an interview with you that day. You assured me that it was a mere formality and that the permit would be issued soon.

However, that is not the case. I have attached a copy of Ms. Boyd's email so that you can review what she wrote. I hope we can rectify this situation soon. Because spring has arrived early, many patrons have expressed a desire to dine outside, and I would like to accommodate them.

Sincerely,

Matthew Sellers

05 윗글의 목적으로 가장 적절한 것은?
① 음식점 이전을 위한 허가를 내려고
② 음식점의 위생 검사 결과에 대한 불만을 표하려고
③ 음식점 확장 허가에 대한 감사를 전하려고
④ 음식점의 야외 운영 불허에 대한 이유를 물어보려고

06 밑줄 친 "accommodate"의 의미와 가장 가까운 것은?
① store
② satisfy
③ adjust
④ shelter

After a stressful day, how do you wind down and clear your mind? Relaxing in a comfortable chair, putting on some soothing sounds, and reading something light and entertaining are all good methods to get ready for some restful sleep. But as you ease your exhausted senses, do not forget your sense of smell. Certain aromas can fill you with feelings of tranquility, and research has found that lavender, vanilla, and green apple are among the best smells to help lower anxiety and induce sleep. You can use essential oils of these scents by applying them to the back of your neck or the inside of your wrist. Even better, indulge in a warm bath with these oils dissolved in the water. Before bed, you might enjoy a glass of hot soy milk with natural vanilla flavoring for a calming effect inside and out.

① factors inhibiting good sleep
② reasons for stress and fatigue
③ origins of aromatic stress-relievers
④ usefulness of aroma for restful sleep

Veblen goods are named after Thorstein Veblen, a US economist who formulated the theory of "conspicuous consumption." They are strange because demand for them increases as their prices rise. According to Veblen, these goods must signal high status. A willingness to pay higher prices is due to a desire to advertise wealth rather than to acquire better quality. A true Veblen good, therefore, should not be noticeably higher quality than the lower-priced equivalents. If the price falls so much that _____, the rich will stop buying it. There is much evidence of this behavior in the markets for luxury cars, champagne, watches, and certain clothing labels. A reduction in prices might see a temporary increase in sales, but then they will begin to fall.

① the government starts to get involved in the industry
② manufacturers finally decide not to supply the market
③ there is no quality competition remaining in the market
④ it is no longer high enough to exclude the less well-off

That is, the e-reader may be greener only if you read at least 40 books a year.

Many shoppers may assume e-readers are more eco-friendly than old-fashioned books. (①) It's true that they eliminate the need for all that paper, but are they really greener? Some researchers have compared the life cycle analysis of printed books vs. e-readers. (②) They've looked not only at the materials needed to make each product but also at the energy required to eventually recycle them. (③) They have concluded that unless you're a fast and furious reader, the energy used to manufacture and dispose of an e-reader is probably greater. (④) Otherwise, however, it's better to stick to regular books.

From a commercial perspective, it is helpful to specialize and develop a style of photography where it is not just your photographic skills that count but the fact that you understand the subject you are shooting. A food photographer, ___(A)___, will know a lot about food preparation and have a food stylist's insight into how particular foods look their best. It is this depth of experience that helps gain commissions. My own specialty has been photographing hair. I have never attempted to cut or style hair, but I've seen great hairdressers at work and had years of experience photographing hair. ___(B)___, I know how to direct hairdressers and spot (and remedy) the kinds of flaws that might otherwise go unnoticed. Plus, it is good to be passionate about what you photograph.

(A)	(B)
① however	...... Otherwise
② however	...... In addition
③ for example	...... As a result
④ for example	...... By contrast

📋 정답/해설 26p

[01 ~ 02] 밑줄 친 부분에 들어갈 말로 가장 적절한 것을 고르시오.

01

> To ensure safety, the apartment _____ the usage of its playground equipment by children who are too young.

① intends　　　　② suspects
③ restricts　　　　④ announces

02

> The scientist felt a strong urge to _____ the data in his new study instead of reporting the findings objectively as the results didn't align with his original prediction.

① submit　　　　② forecast
③ analyze　　　　④ manipulate

03 밑줄 친 부분 중 어법상 옳지 않은 것은?

> Simone Biles, the greatest gymnast, will return for her third Olympics if she ① qualifies for the U.S. team. And Suni Lee who helped the U.S. team ② capture a silver in the team event ③ is expected to compete in Paris though she ④ is dealing with a kidney-related health issue affecting her training since 2022.

04 밑줄 친 부분에 들어갈 말로 가장 적절한 것은?

Alex

Hey, I heard we might need to work this weekend.

16:24

Janice

Yes, it looks like we'll need to. Do you know if there's extra compensation for that?

16:26

Alex

We get time-and-a-half for any hours worked over weekends.

16:27

Janice

That's good to know. Do we need to fill out any special forms for it?

16:28

Alex

I'm not sure. _____
_____.

16:29

Janice

Thanks. You're the best.

16:29

① We don't need to work overtime
② It's mandatory that we fill out a form
③ I'll ask around and let you know what I find
④ I'll try to find out what the compensation is

(A)

Best-selling novelist David Lamont will present a workshop, Words at Work, aimed at refining the writing skills of those interested in becoming writers.

Date: Thursday, November 11
Time: 6:00 – 9:00 PM
Location: West Haven Community Center

How to Apply: Complete an online form at www.westhavencc.org/lamont. Be sure to include a short writing sample no longer than 1,000 words. 20 individuals will be notified by October 20 that they have been selected to attend the event.

Workshop Contents: Mr. Lamont will discuss writing tips and provide guidance on how to write a novel. Attendees will engage in a brief writing session, and their work will be personally evaluated by Mr. Lamont.

Required Materials: Attendees should bring either a laptop or a notebook and a pencil.

Payment: There is no fee required to attend as the course is being sponsored by an anonymous donor to the community center.

05 (A)에 들어갈 윗글의 제목으로 가장 적절한 것은?
① Learn How to Publish a Book
② Bestselling Author Introduces His New Book
③ A Writing Workshop for Aspiring Authors
④ Sign Up for a Book Club and Read Amazing Books

06 Words at Work에 관한 윗글의 내용과 일치하지 않는 것은?
① 베스트셀러 소설가에 의해 진행된다.
② 20명이 선정되어 참석하게 된다.
③ 참가자에게 노트북이 제공된다.
④ 등록비는 따로 없다.

07 다음 글의 요지로 가장 적절한 것은?

It may be tempting to look at our ability to cooperate — however imperfectly — as evidence that humans have transcended our baser instincts. But in her energetic analysis, psychologist Nichola Raihani recontextualizes cooperation within the framework of evolution. According to Raihani, cooperation is "not just about what we do, but who and what we *are*." As multicellular beings, we literally embody cooperation. As individuals, we gravitate toward others. The same instincts that lead us to live in tight-knit family groups drive us to help those who are not part of our immediate circles, even when our assistance is never rewarded.

① Cooperation is our instinct that shapes us as human.
② Cooperation can only be seen within close-knit groups.
③ Cooperation is a learned ability acquired only after birth.
④ Cooperation happens when it is expected to be rewarded.

08 밑줄 친 부분에 들어갈 말로 가장 적절한 것은?

Formerly solid products made of steel and leather are now sold as fluid services that keep updating. Your solid car parked in a driveway has been transformed into a personal on-demand transportation service supplied by Uber, Lyft, Zip, and Sidecar — which are improving faster than automobiles are. New operating systems install themselves on your smartphone, adding new features and new benefits that in the past would have required new hardware. Streaming services like Netflix and Spotify continually update their content libraries and user interfaces without the need for new devices. This total sequence of _____ is continuous. It's a dream come true for our insatiable human appetite: rivers of uninterrupted betterment.

① data manipulation
② privacy protection
③ perpetual upgrades
④ technical breakdowns

09 주어진 글 다음에 이어질 글의 순서로 가장 적절한 것은?

Occasionally after transplanting, some trees promptly drop all their leaves, frightening many beginning gardeners into self-accusation.

(A) So, don't give up on your tree. In a few weeks — or if it's winter you may have to wait for spring — new leaves will sprout.

(B) But there's no need to worry. Since plants lose a great deal of moisture through their leaves, they shed leaves to retain as much water as possible when they are planted.

(C) This protective measure is just a tree's way of dealing with the shock of being planted. In fact, some gardeners purposely strip all the leaves from certain trees when transplanting, to avoid excessive transpiration.

*transplanting: 옮겨심기

① (A)－(C)－(B) ② (B)－(A)－(C)
③ (B)－(C)－(A) ④ (C)－(A)－(B)

10 다음 글의 흐름상 어색한 문장은?

Albert Einstein sought continuously for a so-called unified field theory — a theory capable of describing nature's forces within a single, all-encompassing, coherent framework. ① Einstein was not motivated by the things we often associate with scientific undertakings, such as trying to explain this or that piece of experimental data. ② Instead, he was driven by a passionate belief that the deepest understanding of the universe would reveal its truest wonder: the simplicity and power of the principles on which it is based. ③ As in Einstein's formulation, the two theories underlying the tremendous progress of physics were mutually incompatible. ④ Einstein wanted to illuminate the workings of the universe with a clarity never before achieved, allowing people to admire its sheer beauty and elegance. In his day, however, Einstein never realized this dream, mainly because a number of essential features of matter and the forces of nature were either unknown or, at best, poorly understood.

정답/해설 29p

[01 ~ 02] 밑줄 친 부분에 들어갈 말로 가장 적절한 것을 고르시오.

01

Through determination and hard work, he _____ his small business into a thriving enterprise with multiple locations.

① ended
② downsized
③ transformed
④ modernized

02

The team is committed to _____ together to achieve their goals and ensure the project's success by the end of the year.

① work
② working
③ be worked
④ being worked

03 밑줄 친 부분 중 어법상 옳지 않은 것은?

Fossil bones of ① what were undoubtedly dinosaurs were first discovered in the late 1700s, but they ② were thought to be human remains. The earliest verifiable published record of dinosaur remains that still exists ③ date back to 1820, and the bones described were found by a farmer ④ digging a well.

04 밑줄 친 부분에 들어갈 말로 가장 적절한 것은?

A: Hey Karen, how are you planning on getting to the seminar? Driving or taking the train?

B: I was thinking of driving. How about you?

A: Me too. How about riding together then?

B: That's a good idea.

A: Do you still live on Conley Street?

B: Yes, you remember.

A: Of course. _____

B: Oh, I'd really appreciate that.

A: It's no problem. Send me your exact address on messenger.

① Who's driving you there?
② It's quite a unique location.
③ I'll pick you up at around 7 a.m.
④ The seminar place is too far to drive to.

[05 ~ 06] 다음 글을 읽고 물음에 답하시오.

To | suggestions@bakerfieldcityhall.gov
From | peterwest@madison.com
Subject | Noise Concerns
Date | August 11

My PC | Browse

Times New | 10pt | G G G G G

To Whom It May Concern,

Three days ago, construction on the lot at 55 Hampton Road began. Unfortunately, work on the apartment complex being built there begins at 5:00 every morning. This problem is unacceptable and must be taken care of immediately.

I live across the street in Whittier Apartments. My unit directly faces Hampton Road, so I am <u>subjected</u> to an extreme amount of noise early in the morning. While I normally wake up at 6:00 AM, my wife and children do not rise until 7:00. However, due to the noise, they have been suffering from a lack of sleep.

I believe there are noise regulations in the city restricting when construction is permitted. Please see to it that the construction firm doing the work is made aware of them and that it conducts construction at a more reasonable time in the morning.

Regards,

Peter West

05 윗글의 목적으로 가장 적절한 것은?

① To inquire about noise regulations
② To complain about early morning construction noise
③ To seek understanding about noise caused by family
④ To suggest modifying the current apartment noise guideline.

06 밑줄 친 "subjected"의 의미와 가장 가까운 것은?

① taught
② caused
③ exposed
④ controlled

07 다음 글의 제목으로 가장 적절한 것은?

Becoming indispensable can be as much about how you work as what you produce. Many employees believe they will receive the recognition they desire by attacking their work with a singular vision. They are driven with laser-beam focus, believing this will help them create optimal results that will showcase their talents and impress those at the top. But when you do this, something important is missing. A narrow focus tends to produce narrow results only valuable to your little corner of the company. The most successful employees are not those who focus solely on their own work. They are those who maintain a broader focus, keeping their tasks in line with what's most important to the company and its future. Producing through the lens of the bigger picture will make your work seem larger than life, while work produced with a narrow focus is usually dismissed as "typical."

① Take Initiative Rather than Standing Back
② Focus on the Small Things to be Successful
③ A Broader View: The Road to Success at Work
④ Competent Employees: The Core Element of a Company

08 밑줄 친 부분에 들어갈 말로 가장 적절한 것은?

If a distant civilization were searching for signs of life on Earth, the easiest way to find us would be from the radio waves we've been leaking into space for the past 80 years. If an extraterrestrial culture were similar to ours, it might be emitting radio waves as well. And those are what we've been looking for. If we found them, they might be evidence of a distant life form's technology. But we have no idea what form these signals might take, so we have to search by process of _____.
We detect and clarify over 3,000 signals each hour, and then we have to screen out all of the noises that occur in nature as well as the man-made noises of satellite, aircraft and cell phone transmissions. If and when we do find an interstellar signal that cannot be explained as a natural or man-made signal, it could mean we've found alien intelligence.

① tradition
② elimination
③ integration
④ diversification

09 주어진 문장이 들어갈 위치로 가장 적절한 것은?

The tools, so far as the animals' brains were concerned, had become part of their bodies.

When scientists trained primates and other animals to use simple tools, they discovered just how profoundly the brain can be influenced by technology. (①) Monkeys, for instance, were taught how to use rakes and pliers to take hold of pieces of food that would otherwise have been out of reach. (②) When researchers monitored the animals' neural activity throughout the course of the training, they found significant growth in the areas involved in controlling the hands that held the tools. (③) But they discovered something even more striking as well: the rakes and pliers actually came to be incorporated into the brain maps of the animals' hands. (④) As the researchers who conducted the experiment with the pliers reported, the monkeys' brains began to act "as if the pliers were now the hand fingers."

10 다음 글의 내용과 일치하는 것은?

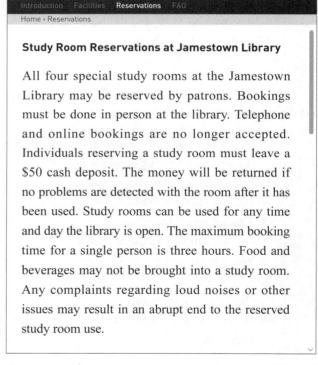

Study Room Reservations at Jamestown Library

All four special study rooms at the Jamestown Library may be reserved by patrons. Bookings must be done in person at the library. Telephone and online bookings are no longer accepted. Individuals reserving a study room must leave a $50 cash deposit. The money will be returned if no problems are detected with the room after it has been used. Study rooms can be used for any time and day the library is open. The maximum booking time for a single person is three hours. Food and beverages may not be brought into a study room. Any complaints regarding loud noises or other issues may result in an abrupt end to the reserved study room use.

① Study rooms may be reserved online.
② There is no deposit required for booking.
③ Study rooms are available during library hours.
④ Refreshments may be served in a study room.

📄 정답/해설 31p

01 밑줄 친 부분에 들어갈 말로 가장 적절한 것은?

> The new policies needed to be implemented _____ to give employees enough time to adapt without feeling overwhelmed.

① quickly
② gradually
③ accurately
④ temporarily

02 밑줄 친 부분 중 어법상 옳지 않은 것은?

> Skateboarding is one of the best ① ways to replace snowboarding when there is no snow, but asphalt tends to hurt ② even more than snow when you fall. Use skate parks providing a safe environment to keep your board skills ③ enhancing, or find a long downhill road without cross streets ④ in which you can best practice basic skills.

[03 ~ 04] 밑줄 친 부분에 들어갈 말로 가장 적절한 것을 고르시오.

03

> A: Alison, how's the new project coming along?
> B: In fact, I was about to discuss it with you.
> A: What is it?
> B: _____
> A: Hmm. How much more time will you need?
> B: About a week.
> A: Okay. I'll contact our clients first to see if that's possible. If it isn't, we'll have to figure out some way to finish the project on time.

① It's done and I'm ready to send it.
② You need to finish the project by tomorrow.
③ What specific details should be included in it?
④ Is there a possibility we could extend the deadline?

04

Jenna

Congratulations on the new baby! I saw her pictures. She's absolutely adorable.

13:12

Tiffany

Thank you. We're so blessed to have her.

13:15

Jenna

You are. By the way, have you applied for the newborn subsidy yet?

13:16

Tiffany

Not yet. _____
_____ ?

13:17

Jenna

You need to apply within 60 days of her birth, or you might miss out on some of the subsidy.

13:19

Tiffany

Oh, I should apply for it right away. Thanks for letting me know!

13:19

① What is the amount of the subsidy
② Does it apply to high-income parents as well
③ How long did it take for you to have the baby
④ Is there a time limit for applying for the subsidy

(A)

The town of Cumberland is pleased to announce it will host Food Galore, an annual international food fair in spring. Everyone can come and try all kinds of mouthwatering dishes.

Last year, the festival took place at Central Park, but this year, it's moving to Jasper Mountain Park. The event will last from April 2 to April 7 and will be open from 11:00 AM to 10:00 PM daily.

Numerous local restaurants, including those serving food from Europe, Southeast Asia, and the Middle East, will attend the festival. There will also be vendors providing food from other places, including Central America, the Caribbean islands, and Africa. Visitors will have the opportunity to sample numerous tasty delicacies for free.

Tickets cost $8 for everyone and are only available at the front gate. Food may be purchased from vendors for additional fees.

05 (A)에 들어갈 윗글의 제목으로 가장 적절한 것은?

① Food Drive: A Charity Event
② Cook Your Own Signature Dish
③ Learn Secret Recipes from a Top Chef
④ Get a Taste of Food from around the World

06 Food Galore에 관한 윗글의 내용과 일치하지 않는 것은?

① Its location has changed this year.
② Visitors can enjoy free sample tastings.
③ All participants are required to pay the same fee.
④ The tickets can be purchased by phone or online.

07 다음 글의 요지로 가장 적절한 것은?

Every day, it seems, we learn of an apology from a prominent figure in response to an indiscretion of some sort. Those in the public eye have an unfortunate tendency to apologize only after they have been found with a hand in the cookie jar. When this happens, it is only natural for a skeptical public to wonder, "Are they apologizing for their conduct, or simply because they were caught?" To make matters worse, the wrongdoer will often use the passive voice in his or her apology: "Mistakes were made," rather than, "I made a mistake." It is more comfortable to use the passive voice here, but doing so relinquishes any sense of personal responsibility. It is a non-apology and is not very meaningful.

① The public should not use a passive voice.
② Apologies of well-known figures often lack sincerity.
③ Public figures' apologies have a powerful effect.
④ The public reacts sensitively to mistakes made by celebrities.

08 밑줄 친 부분에 들어갈 말로 가장 적절한 것은?

The problem that many of us face is that we have great dreams and ambitions. Caught up in the emotions of our dreams and the vastness of our desires, we find it very difficult to focus on the small, tedious steps usually necessary to attain them. We tend to think in terms of giant leaps toward our goals. But in the social world as in nature, anything of size and stability grows slowly. The piecemeal strategy is the perfect antidote to our natural impatience: it focuses us on something small and immediate, a first bite, then how and where a second bite can get us closer to our ultimate objective. It forces us to think in terms of a process, a sequence of connected steps and actions, no matter how small, which has immeasurable psychological benefits as well. Too often the magnitude of our desires overwhelms us; _____ makes them seem realizable. There is nothing more therapeutic than action.

① taking that first little step
② setting a goal overwhelming reality
③ sacrificing ourselves for a good cause
④ keeping a balance between impatience and stability

Every day each of us engages in many types of complex activities. We go to school, participate in sports, drive cars, and sometimes become involved in conflicts.

(A) But they still engage in some activities such as eating and reproducing. Why are some activities common to all organisms whereas other more complex activities are limited to certain species?

(B) We also perform other, less complex activities such as eating and sleeping. On the other hand, animals with nervous systems similar to a worm's cannot play soccer, much less chess.

(C) Questions like this are central to the study of behavior. At its simplest, behavior is the conduct of an organism — the way it acts.

① (B)−(A)−(C) ② (B)−(C)−(A)
③ (C)−(A)−(B) ④ (C)−(B)−(A)

Bitcoin mining refers to the process of digitally adding transaction records to the blockchain, which is a publicly distributed ledger holding the history of every Bitcoin transaction. Mining is a record-keeping process executed through immense computing power. ① Each Bitcoin miner around the world contributes to a decentralized peer-to-peer network to ensure the payment network is trustworthy and secure. ② Currently, Bitcoin mining consumes as much energy as a small country, making it neither practical nor sustainable. ③ To securely add to the blockchain ledger, Bitcoin mining computers solve complex mathematical problems. ④ When a solution is found, the latest block of confirmed transactions is added as the next link in the blockchain. As an incentive to mine and contribute to the network, the miner who solved the problem is rewarded a block of Bitcoin.

*ledger: 원장(元帳)

📑 정답/해설 34p

[01 ~ 02] 밑줄 친 부분에 들어갈 말로 가장 적절한 것을 고르시오.

01

We tend to work in ways that are _____ to us, rather than experiment with new methods.

① familiar   ② flexible

③ innovative   ④ efficient

02

High winds during the storm knocked down trees and blocked roads yesterday, _____ some areas without access.

① left   ② leaving

③ have left   ④ were leaving

03 밑줄 친 부분 중 어법상 옳지 않은 것은?

Many laws ① regulating the production, transport, and preparation of food are intended to keep foodborne illness ② from occurring; their purpose is to prevent the contamination of raw food, mandate ③ its safe preparation and storage, and, if necessary, ④ closing restaurants or food suppliers that fail to follow practices.

04 밑줄 친 부분에 들어갈 말로 가장 적절한 것은?

A: What are your plans for this weekend?

B: I'm planning to volunteer. How about you?

A: I don't really have anything planned. Where are you volunteering?

B: At a local community center. They provide free meals for the elderly.

A: How nice! What will you be doing there?

B: _____.

A: I see. You're a great cook, so that sounds like a perfect fit.

① It's only open on the weekends

② I'll be helping with meal preparation

③ It's only been a month since I've volunteered

④ I'll be delivering the food from place to place

[05 ~ 06] 다음 글을 읽고 물음에 답하시오.

| ✏️ | Send | Preview | Save |

To	Candice Peters ⟨cpeters@sussex.gov⟩
From	George O'Leary ⟨George_o@watkins.com⟩
Subject	Community center
Date	February 11

📎   My PC   Browse

Times New ▾   10pt ▾   G G *G* G G

Dear Ms. Peters,

I read an article in the Sussex Times and noticed you're in charge of development in Sussex. I would like to suggest that you consider building a new community center in the Glenn Meadows neighborhood.

I know the city already runs several of these centers; however, none is located in Glenn Meadows. The neighborhood has a large youth population, but many teens have little to do after school and on weekends. A community center is just what they require.

Local youths would have a place to meet, to play sports, and to improve themselves by taking classes if the city built a community center. Senior citizens interested in working could provide instruction in certain topics, thereby keeping themselves occupied, too.

Please consider my suggestion and let me know if I can do anything for you.

Sincerely,

George O'Leary

05 윗글의 목적으로 가장 적절한 것은?

① 센터를 새로 짓는 것을 제안하려고

② 센터 운영 시간 연장을 부탁하려고

③ 센터 프로그램의 문제점을 지적하려고

④ 센터에서 하는 교육 봉사에 참여하려고

06 밑줄 친 "runs"의 의미와 가장 가까운 것은?

① starts

② hurries

③ extends

④ operates

07 다음 글의 주제로 가장 적절한 것은?

Growing native plants in a garden is catching on like wildfire. Native plants often attract more birds and pollinators such as bees and butterflies, increasing the diversity in your garden. Imitating a native landscape in an isolated urban yard, however, does not do all that much to make up for lost native habitat. So what is the most ecological use of your garden? At the top of the list is gardening for your own food. There is no reason that what you plant for birds, butterflies, and bees cannot also feed you and your family. Sunflowers are often called 'nature's bird feeders,' but you can plant enough to share the oil-rich seeds. Many fruit trees in your garden can not only feed the birds but also provide food for you.

① importance of consuming less food for the environment
② uses of native plants in the wild as diversity suppliers
③ necessities of preserving the native landscapes
④ growing plants in a garden for your food

08 밑줄 친 부분에 들어갈 말로 가장 적절한 것은?

There is an ancient tale told of three princes from the island of Ceylon who set out on a pursuit of great treasures. They never found what they searched for, but on the way they were continually surprised by delights they had never anticipated. While looking for one thing, they found another. The original name of Ceylon was Serendip, which explains the title of this story — "The Three Princes of Serendip." From that, Walpole coined the word "serendipity" to mean _____. For example, suppose you get lost in a strange city, wander into a music store to get out of the rain, start flipping through the albums just to pass the time, and stumble upon the very recording you have been seeking for years. This would be a serendipitous experience.

① an exotic holiday
② a calculated result
③ a state of confusion
④ a lucky accidental discovery

09 주어진 문장이 들어갈 위치로 가장 적절한 것은?

It also shows an irresponsible lack of attention to the social obligations of *budi bahasa*.

The Kelantese people of the Malay Peninsula put an emphasis on slowness that is deeply embedded in their beliefs about right and wrong. Haste is considered a violation of ethics. The Kelantese are judged by a set of rules for proper behavior known as *budi bahasa*, or the "language of character." (①) At the core of this ethical code is a willingness to take the time for social obligations, for visiting and paying respect to friends, relatives and neighbors. (②) Any hint of rushing suggests greed and too much concern for material possessions. (③) Those who violate them are thought to threaten basic village values and are gossiped about. (④) They would be considered less refined and often suspected of trying to hide something.

10 Madison Historical Society에 관한 다음 글의 내용과 일치하지 않는 것은?

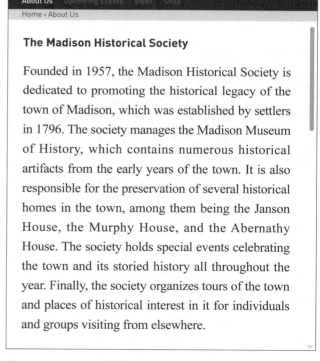

The Madison Historical Society

Founded in 1957, the Madison Historical Society is dedicated to promoting the historical legacy of the town of Madison, which was established by settlers in 1796. The society manages the Madison Museum of History, which contains numerous historical artifacts from the early years of the town. It is also responsible for the preservation of several historical homes in the town, among them being the Janson House, the Murphy House, and the Abernathy House. The society holds special events celebrating the town and its storied history all throughout the year. Finally, the society organizes tours of the town and places of historical interest in it for individuals and groups visiting from elsewhere.

① It was established in the twentieth century.
② It directs the operation of a history museum.
③ It preserves old roads with historical significance.
④ It hosts tours of the town for visitors.

📋 정답/해설 36p

[01~02] 밑줄 친 부분에 들어갈 말로 가장 적절한 것을 고르시오.

01

> Sharon _____ most part of the meeting as she arrived late, so she had to ask her coworkers for a summary of what was discussed.

① led ② missed

③ attended ④ canceled

02

> The _____ decision to buy the dress without thinking it through and trying it on first resulted in regret.

① delayed ② practical

③ thoughtful ④ impulsive

03 밑줄 친 부분 중 어법상 옳지 않은 것은?

> At a young age, Helen Britton ① used to create jewellery out of discarded objects, and she still has a cow horn bracelet she ② was made when she was 12. Britton now ③ approaches her practice without distinguishing between forms of creative production, including jewellery, sculpture, and drawings — depending on ④ what she is trying to say.

04 밑줄 친 부분에 들어갈 말로 가장 적절한 것은?

David

Hello. I'd like to sign up for the swimming class on Tuesdays and Thursdays at 8 PM.

15:34

Vinehill Community Center

Hello, are you a resident of the Vinehill area?

15:38

David

Yes, I am.

15:39

Vinehill Community Center

Great. Online registration opens tomorrow, at 9 AM.

15:41

David

_____?

15:42

Vinehill Community Center

That's possible too. Just remember to bring your ID with you tomorrow morning.

15:44

① Can I register in person instead

② How much is the fee for residents

③ Is the swimming class for beginners

④ Can you tell me when the class begins

(A)

We are excited to announce that the 5K Fun Run will be held on Saturday, May 25. Dobson High School is hosting this event to raise funds for academic clubs at the school. All proceeds will be used to improve club facilities and to pay for field trips by club members.

The 5K Fun Run will begin with registration for the race at 8:00 AM. The race itself will start at 9:00 AM and end when the last runner crosses the finish line. The race will both start and end at Dobson High School.

Registration costs $15. Entrants will receive a 5K Fun Run T-shirt. Volunteers will be on hand alongside the course to pass out water and to direct runners along the course.

Donations are tax-deductible and may be made at the race itself or online at www.dobsonhigh.com/5kfunrun

05 (A)에 들어갈 윗글의 제목으로 가장 적절한 것은?

① Join as a Volunteer for a Special Marathon
② Participate in a Run for Better Diet Results
③ The City Hosts a Range of Sports Events
④ Run and Raise Funds for the School

06 5K Fun Run에 관한 윗글의 내용과 일치하지 않는 것은?

① 한 고등학교가 주최하는 행사이다.
② 등록은 경주 한 시간 전에 시작된다.
③ 경주는 같은 장소에서 시작하고 끝난다.
④ 경주에 참가하기 위한 비용은 없다.

07 다음 글의 요지로 가장 적절한 것은?

One of the most important aspects of human communication is that past experiences will affect your behavior. Even when you start to discuss some event with your friends, you may soon discover there are differences in your perceptions. What you think boring your friends may find exciting; what you consider pointless they may find meaningful. The messages you receive may be the same for each of you. Yet, each person experiences a variety of feelings and sensations, because each has a unique personality and background. Each of you brings different backgrounds to the event and, as a result, each attributes different meanings to the shared experience.

① Disagreements can be resolved through dialogue.
② Friendship requires having shared experiences and feelings.
③ True communication is achieved through honest expressions.
④ Past experiences make the same event perceived differently.

08 밑줄 친 부분에 들어갈 말로 가장 적절한 것은?

In one of the most unusual experiments performed in cognitive psychology, the brain function of people standing around on a dry beach was compared with the brain function of people floating in about 10 feet of water. Both groups listened to somebody speak 40 random words. They were then tested for their ability to memorize the list of words. The group that heard the words while in the water got a 15 percent better score if they were asked to recall the words while back in those same 10 feet than if they were on the beach. The group that heard the words on the beach got a 15 percent better score if they were asked to recall the words while on the beach than in 10 feet of water. It appeared that memory worked best if the environment during recall _____ the environment the information was initially learned.

① affected
② matched
③ redefined
④ contrasted

09 주어진 글 다음에 이어질 글의 순서로 가장 적절한 것은?

Children begin to develop sophisticated understandings of the world around them at a very young age.

(A) But sometimes, they are flawed. For example, their preconceptions can involve oversimplifications, like viewing history as a battle between good guys and bad guys.

(B) A critical feature of effective teaching would then be to provide opportunities to challenge the initial understandings to address these misconceptions.

(C) Those initial understandings can have a powerful effect on the integration of new concepts and information. Sometimes they are accurate, providing a foundation for building new knowledge.

① (B)－(A)－(C)   ② (B)－(C)－(A)
③ (C)－(A)－(B)   ④ (C)－(B)－(A)

10 다음 글의 흐름상 어색한 문장은?

As more communities are opening up to visits from foreign travellers, a new consciousness is growing amongst backpackers in the form of "ecotourism." ① Ecotourism is, at its core, a respect for local communities and environments while travelling through them. ② It emphasizes responsible travel practices and minimizing environmental impact. ③ For example, as is the case with other forms of tourism, ecotourism may result in friction between tourists and local community members. ④ With the growing focus on sustainability, ecotourism has gradually gained attention and is now recognized in many countries around the world. Ecotourism now makes up about 15-20% of the global tourism market, and this percentage is continuing to grow.

정답/해설 39p

[01 ~ 02] 밑줄 친 부분에 들어갈 말로 가장 적절한 것을 고르시오.

01

> After spending months in physical therapy, the athlete fully recovered and was finally able to _____ his previous training routine.

① halt ② resume
③ predict ④ sacrifice

02

> The mechanic who had been using a broken wrench for his tasks recently had it _____ after it became completely unusable.

① replace ② replaced
③ replacing ④ be replaced

03 밑줄 친 부분 중 어법상 옳지 않은 것은?

> ① Classified with lizards in the order Squamata (scaled reptiles), snakes represent lizards ② that over the course of evolution ③ has undergone structural reduction, simplification, and ④ loss as well as specialization.

04 밑줄 친 부분에 들어갈 말로 가장 적절한 것은?

> A: Lana, what's wrong? You seem down lately.
> B: I don't know why, but I've been feeling really depressed. It's getting pretty serious.
> A: Maybe some counseling could help. Have you considered it?
> B: _____.
> A: That's not always the case. The city offers free counseling once a month for all citizens. I've actually used it and was very satisfied.
> B: Really? I'd love to use that service.
> A: You can find the list of participating counseling places on the city's website. I'll send you the link.

① No, I heard counseling is very expensive
② No, I don't want any counseling right now
③ Yes, I'm using the city's counseling service
④ Yes, I've also been having other symptoms

[05 ~ 06] 다음 글을 읽고 물음에 답하시오.

| ✎ | **Send** | Preview | Save |

To	Justin Goode ⟨justing@hopewellhealthclinic.org⟩
From	Irene Taylor ⟨irene_taylor@brandis.com⟩
Subject	Hopewell Health Clinic
Date	December 15

My PC Browse
Times New ▾ 10pt ▾ G G G G G

Dear Mr. Goode,

I was at the Hopewell Health Clinic as a patient yesterday. I would like to express my extreme displeasure with the amount of time I was forced to wait.

I called the clinic before going and inquired about a reservation. I was told that one was unnecessary and that local residents would be treated for free there. I therefore arrived at two in the afternoon.

The waiting room had few people in it, but I was there for more than three hours before I could see a doctor. Even when I was the only one left, I could not see the doctor right away. Such delays undermine the trust and efficiency that one would hope for in a healthcare setting. I hope nothing similar ever happens again.

Regretfully yours,

Irene Taylor

05 윗글의 목적으로 가장 적절한 것은?

① 진료를 예약하려고
② 의료 보험에 관해 문의하려고
③ 진료비에 관한 문제를 제기하려고
④ 긴 대기 시간에 대한 불만을 표하려고

06 밑줄 친 "left"의 의미와 가장 가까운 것은?

① relaxed
② departing
③ remaining
④ approached

For the better part of the 17th and 18th centuries, the relationship between Great Britain and its North American colonies was firm, robust, and peaceful. However, this period of tranquility and prosperity could not last. Great Britain had amassed an enormous debt following the French and Indian War; so, as a means to help alleviate at least some of the financial burden, they expected the American colonies to bear their share. Beginning in 1763, Great Britain instituted a series of parliamentary acts for taxing the American colonies. Though it was seemingly a reasonable course of action — considering the British had come to the defense of the colonies in the French and Indian War — many colonials were outraged at the levying of taxes. By 1775, tensions reached a boiling point and both sides prepared for war as negotiations continued to fail.

① How Britain got involved in the French and Indian War
② The non-interference policy of Great Britain on its colonies
③ The role of the American colonies in the French and Indian War
④ The background of the conflict between Great Britain and its colonies

08 밑줄 친 부분에 들어갈 말로 가장 적절한 것은?

Some time in the next few days you are going to pick up your newspaper and see a headline like "Major Advance in Stem Cells Reported" or "New Theory of Global Warming Proposed." The stories following these headlines will be important. They will deal with issues that directly affect your life — issues about which you will have to form an opinion if you are to take part in public discourse. More than ever before, scientific and technological issues dominate, from global climate change to the development of artificial intelligence. Being able to understand these debates is becoming as important to you as being able to read. You must _____.

① have a political opinion
② be ethically responsible
③ be scientifically literate
④ have an unbiased viewpoint

09 주어진 문장이 들어갈 위치로 가장 적절한 것은?

Instead, they have developed other senses, leading to some remarkable adaptations.

In the ocean's deep waters, light diminishes rapidly, leaving the underwater realm in near-darkness. This is because light travels only a few hundred meters in the ocean before it is absorbed or scattered. (①) Since light travels relatively short distances in the ocean, marine animals can't rely solely on their vision. (②) Dolphins and whales, for example, depend on their exceptional hearing to navigate and thrive in their underwater environment. (③) They use sophisticated echolocation systems to "see" with sound by emitting clicks and interpreting the echoes that bounce back. (④) Sound plays a crucial role in their social lives as well, with complex vocalizations facilitating communication, cooperation, and even courtship rituals.

10 다음 글의 내용과 일치하는 것은?

Carbon trading is a market-based approach to reducing greenhouse gas emissions by setting a cap on total emissions within a region. In carbon trading, companies receive permits for a specific amount of CO_2 emissions and can sell excess permits if they emit less than their allotted amount. While international carbon trading markets have been discussed, most trading currently occurs domestically. The concept was introduced in the late 1990s, and the European Union Emissions Trading System (EU ETS) was launched in 2005 as the first major implementation. Since then, many developed countries have adopted carbon trading to cut emissions. However, major emitters like India and China, and even some states in the U.S. have been reluctant to adopt this approach, focusing on other methods to manage emissions and support economic growth.

① Carbon trading involves direct trade of fossil fuels.
② Carbon trading occurs mostly between countries.
③ The EU ETS was established in the late 1990s.
④ Some U.S. states have not fully adopted carbon trading.

📋 정답/해설 42p

01 밑줄 친 부분에 들어갈 말로 가장 적절한 것은?

> The tribe was completely _____ as they lived on a remote island where there was no access to the outside world and were cut off from civilization.

① invaded　　　② isolated
③ polarized　　　④ advanced

02 밑줄 친 부분 중 어법상 옳지 않은 것은?

> ① Given the tight schedule, the contractor must finish all major construction work ② by the middle of August, which allows any necessary adjustments ③ to be made before the grand opening, ensuring that the building ④ fully prepares and meets all safety and design standards.

[03 ~ 04] 밑줄 친 부분에 들어갈 말로 가장 적절한 것을 고르시오.

03

> A: Hey, Chris. What brings you to the library?
> B: I'm here to check out a book, but I can't.
> A: Why not?
> B: You have to be a Seoul resident to register as a member, and only members can borrow books here.
> A: _____
> B: Really? That's so kind of you. Thanks!

① I'm not a Seoul citizen, either.
② Which book were you hoping to read?
③ I'm registered, so I can borrow it for you.
④ I'm afraid you can no longer renew the book.

04

Paul
Did you send out the invitations for the workshop?
14:22

Janet
No, I'm still working on the list.
14:24

Paul
Isn't the list already made?
14:25

Janet
I was ordered to add some of our clients to it.
14:25

Paul
_____ ?
14:27

Janet
The extra invitations will go out to the key clients, those who are S-graded.
14:29

Paul
I see. You have me if you need any help.
14:30

① Which clients are being added
② Who ordered you to add the clients
③ Why aren't you attending the workshop
④ Why weren't the clients added beforehand

(A)

Next week, the city will put on a fireworks show to celebrate Independence Day. The fireworks can be seen from the entire city, but the best viewing spot will be at Riverside Park.

Date: August 15
Time: 9:00 to 9:30 PM
Location: Riverside Park

Prior to the show, there will be various types of entertainment at the park. This includes dance performances and a music concert by The Striders. Speeches will be given by the mayor and other local dignitaries. The festivities will begin at noon and last until the fireworks start.

Residents are encouraged to arrive at any time to enjoy the performances. Residents can bring their own food or purchase food and beverages from vendors located onsite. No tickets or reservations are necessary. Seating will not be available, so remember to bring blankets or other comfortable items to sit on.

05 **(A)에 들어갈 윗글의 제목으로 가장 적절한 것은?**
① International Fireworks Contest
② Music Festival by Various Performers
③ Light up Your Own Fireworks at the Park
④ Enjoy the Fireworks and a Variety of Events

06 **윗글의 내용과 일치하지 않는 것은?**
① The Riverside Park offers the best view of the fireworks.
② The fireworks are scheduled to go on for half an hour.
③ Dance performances will take place at the park.
④ Visitors are not permitted to bring refreshments.

07 **다음 글의 요지로 가장 적절한 것은?**

The high level of euro-skepticism in Greece has brought a number of misunderstandings. It is commonly thought that the launch of the euro, Europe's single currency, brought about an increase in the cost of living in Greece and this has affected the public's overall opinion toward the European Union. The rise in prices is unquestionable but it is wrong to blame it solely on the introduction of the common currency. This is, firstly, because inflation existed before the euro was adopted and secondly, because one cannot say where prices would stand today if the drachma, the previous currency used in Greece, were still in circulation. Therefore, it is important to consider the broader economic context rather than blaming the euro for the increase in the cost of living.

① Greece's market structure became complex only recently.
② Greece's inflation is not simply due to the euro currency.
③ The Greek government should take action to stabilize prices.
④ The entry to the European Union boosted the Greek economy.

The coronavirus pandemic of 2020 was a "black swan" event, the repercussions of which were felt throughout the world. We all remember how we were quarantined, the relatives and friends and colleagues we could no longer see, and how we coped with the tremendous mental and physical strain the virus caused. But another dramatic consequence of COVID-19 was the rather abrupt shock it delivered to _____.

As the virus sent humanity scurrying off the streets and into their homes, it pushed billions of people onto their laptops and smartphones, rushing to get online. The world logged on to Facebook, X (former Twitter), WhatsApp, Instagram, and YouTube in record numbers, desperate for news, medical information, social support, human connection, and jobs. The day the offline world stood still, the online world ignited like a digital forest fire.

① the worsening economic crisis
② medical staff from all over the world
③ the global social and political situation
④ the world's global communication system

In the U.S., immigration frequently leads to friction between the established and the new groups.

(A) Consequently, high levels of immigration, particularly from culturally distinct groups, often exacerbate tensions.

(B) However, the primary conflict that arises with such large-scale immigration is more economic than cultural. Established groups often perceive immigrants' job-seeking efforts as a threat to their own job security, resulting in a deep socioeconomic divide.

(C) Sometimes, this is rooted in cultural issues. While long-standing communities try to maintain their dominant culture, the newcomers seek to assert their own identities.

① (B) − (A) − (C)　　② (B) − (C) − (A)
③ (C) − (A) − (B)　　④ (C) − (B) − (A)

According to sociologists, one of the most widespread and basic norms of human culture is embodied in the rule for reciprocation. ① The rule requires that one person try to repay, in kind, what another person has provided. ② By obligating the recipient of an act to repayment in the future, the rule for reciprocation allows one individual to give something to another with confidence that it is not being lost. ③ People are aware they should return the kindness, but they often fail to do so. ④ This sense of future obligation within the rule makes possible the development of various kinds of continuing relationships, transactions, and exchanges that are beneficial to the society. Consequently, all members of the society are trained from childhood to follow the rule or suffer serious social disapproval.

📖 정답/해설 45p

[01 ~ 02] 밑줄 친 부분에 들어갈 말로 가장 적절한 것을 고르시오.

01

> The manager felt that the error was _____ compared to the larger issues that the team was facing, and hence ignored it.

① serious
② trivial
③ consistent
④ invaluable

02

> Each of the nonprofit organizations, along with numerous donors, _____ to address the community's needs.

① operate
② operating
③ is operating
④ have operated

03 밑줄 친 부분 중 어법상 옳지 않은 것은?

> He only got the small flashlight ① to barely illuminate the way, but he found himself ② amazed at ③ how calm he handled ④ such an extreme situation.

04 밑줄 친 부분에 들어갈 말로 가장 적절한 것은?

> A: Hey, what are you doing on your phone?
> B: I'm signing up for a Korean cooking class the city is running.
> A: That sounds interesting. _____?
> B: The class covers several Korean recipes and provides hands-on cooking practices with a famous chef.
> A: That's awesome. I'd also like to apply as well.
> B: Great. Let's go together. I'll send you the link.

① How do you apply for it
② When will the class be held
③ What does the class consist of
④ How much is the participation fee

[05 ~ 06] 다음 글을 읽고 물음에 답하시오.

> | | Send | Preview | Save |
> | To | Ken Clayborne ⟨kenc@portsmouthcc.org⟩ |
> | From | Sally Hart ⟨sallyhart@mwr.com⟩ |
> | Subject | Special Event |
> | Date | October 21 |
>
> My PC | Browse
> Times New ▼ | 10pt ▼ | G G *G* G G
>
> Dear Mr. Clayborne,
>
> I attended the seminar held at the community center yesterday and had a wonderful time. It was simultaneously educational and entertaining.
>
> The speaker, Daniel Wilson, was striking in his ability to keep the audience's attention. In my case, I was able to connect with him on a personal level as he shared insights directly related to my personal interests and challenges. The only complaint I have about his talk is that it was too short. I could have listened to him speak for hours.
>
> The combination of his expertise and engaging style made the seminar a truly memorable experience. I'm already looking forward to the next event and I hope it will be just as impactful.
>
> Thank you,
>
> Sally Hart

05 윗글의 목적으로 가장 적절한 것은?

① To request a meeting with Mr. Wilson
② To praise a recent speech that was given
③ To inquire about upcoming talk schedules
④ To volunteer to talk about a personal experience

06 밑줄 친 "case"의 의미와 가장 가까운 것은?

① fact
② situation
③ argument
④ container

07 다음 글의 제목으로 가장 적절한 것은?

The body is like a symphony where thousands of metabolic actions are orchestrated into harmony through the constant fine-tuning of conscious (e.g. exercise) and subconscious (e.g. digestion) instructions. When the harmony is broken, the body sends us information, signals and symptoms, in very direct and obvious ways. It is necessary that we pay attention to these signals instead of viewing them as burdens in our lives. If we ignore or suppress health symptoms, they will become progressively louder and more extreme as the body attempts to capture our attention. When the oil light comes on in our car, do we disconnect the light, or do we take the car in for service? We usually take our car to the shop at the first sign of trouble. However, when it comes to our health, how many of us wait until the situation becomes serious before taking action?

① Mind Troubles Become Body Troubles
② Listen to the Signals from Your Body
③ The Human Body: Art in Performance
④ The Body: The Mirror of the Personality

08 밑줄 친 부분에 들어갈 말로 가장 적절한 것은?

So much of our knowledge is unconscious or implicit that we can never be fully aware of all that we know. We often devise surprising new answers by using information at hand, which is a basic function of our inductive and deductive thinking skills. These unconscious thinking processes use existing "data" to produce conscious thoughts that consist of new answers. For example, long-intimate couples can usually answer questions about how their partners would react to unexpected events because of their deep understanding of each other. This understanding enables them to infer their partner's future reactions based on past behavior. Similarly, managers who deeply understand their customers may accurately anticipate their responses to a new product before the firm presents it. By _____, a manager may know whether a proposed consumer incentive will achieve a particular unit sales goal.

① gathering existing knowledge
② introducing innovative systems
③ excluding unconscious thinking
④ admitting past mistakes explicitly

09 주어진 문장이 들어갈 위치로 가장 적절한 것은?

His strength, however, is precisely his willingness to risk such a drop; to risk being once again at the bottom.

It is necessary and helpful to be, and in some ways to remain, a beginner. (①) For this reason, the Tarot deck beloved by intuitionists, romantics, and fortune-tellers alike contains within it the Fool as a positive card. (②) The Fool is a young, handsome man, eyes lifted upward, journeying in the mountains, sun shining brightly upon him — about to carelessly step over a cliff. (③) What this tells us is that you must be willing to be a foolish beginner in order to learn and reach higher levels of wisdom. (④) It was for this reason, among others, that Carl Jung regarded the Fool as the precursor to the figure of the Redeemer, the perfected individual.

10 Peabody Bus App에 관한 다음 글의 내용과 일치하지 않는 것은?

Introducing the Peabody Bus App

The city of Peabody is pleased to announce it will be releasing a new app that will be of tremendous assistance to passengers on the city's buses. The app will feature maps showing the route each bus in the city takes as well as comprehensive bus schedules. Not only that, but it will also provide real-time information regarding the location of every single bus in the city. It will even tell you if there are seats available on a particular bus and when that bus is scheduled to arrive at your specific location. You'll be able to download this handy app starting next week. For more details, visit our website or scan the QR code above.

① It is designed to help people who take city buses.
② Its users will be able to see where city buses are.
③ It is to include data about available seats on city buses.
④ It is currently available for people to download.

📋 정답/해설 48p

[01~02] 밑줄 친 부분에 들어갈 말로 가장 적절한 것을 고르시오.

01

In the old library, certain books were marked as _____ due to their controversial content, so no one was allowed to read them.

① dull   ② useful
③ forbidden   ④ immense

02

John borrowed $10 from Cathy, but he didn't need to pay her back because she also _____ him $10.

① lent   ② owed
③ gave   ④ repaid

03 밑줄 친 부분 중 어법상 옳지 않은 것은?

While ① exploring the abandoned mine, the geologists came across ② that looked completely ③ worn out, and as they examined other historical materials, they determined ④ it was significant prehistoric mining equipment.

04 밑줄 친 부분에 들어갈 말로 가장 적절한 것은?

Mary
Hi, the air conditioner in our office isn't blowing out cool air.
9:31

CoolBreeze Solutions
Hello. Have you looked at the troubleshooting tips on our website?
9:35

Mary
Yes, but nothing seemed to fit our situation.
9:37

CoolBreeze Solutions
I can arrange for one of our technicians to come out and take a closer look. When would be a good time for you?
9:40

Mary
Could we schedule it for tomorrow?
9:42

CoolBreeze Solutions
_____
9:45

Mary
Around noon would be perfect.
9:46

CoolBreeze Solutions
Got it. I'll set up the appointment for tomorrow at noon and send you a confirmation message.
9:50

① I'm glad I could be of service.
② Have you checked the air filter?
③ Do you have a specific time in mind?
④ I'm afraid we're fully booked tomorrow.

(A)

Due to many requests from residents for information about volunteering, Manchester City Hall is hosting a symposium on the subject. Everyone in the community is welcome to attend and find out all the details about volunteer work.

The event will take place from 1:00 to 2:30 PM on Friday, April 11. It will be held in Room 207 in Manchester City Hall.

The following individuals will speak at the symposium:

Speaker	Topic
Janet Weatherspoon	Types of Volunteer Work Available in Our Town
Paula Roth	Finding Volunteer Work That Fits You
Rachel Lamplighter	Rewards of Volunteering

* Each speaker will talk for approximately thirty minutes.

No reservations are necessary. The room can hold 50 people, but if more show up, the location may be changed to a larger place. Please call (302) 555-1823, extension 78, and ask to speak with Roy Harper for more information regarding the symposium.

05 (A)에 들어갈 윗글의 제목으로 가장 적절한 것은?

① Volunteer to Be a Speaker at Our Symposium
② Learn All You Need to Know About Volunteering
③ Volunteer at City Hall and Gain Valuable Experience
④ Award Ceremony for Our Community's Top Volunteer

06 윗글의 내용과 일치하지 않는 것은?

① 심포지엄은 시청에서 개최된다.
② 심포지엄은 30분 동안 진행된다.
③ 심포지엄에 참가하기 위한 예약은 필요 없다.
④ 심포지엄 장소는 참석자 수에 따라 변경될 수 있다.

07 다음 글의 요지로 가장 적절한 것은?

Considering that crickets produce 50 percent less carbon dioxide than cattle per unit of weight gain and convert feed into food twice as efficiently as chickens, four times more efficiently than pigs, and twelve times more efficiently than cattle, insects deserve to be more popular on menus. Since insects aren't warm-blooded, they don't need to consume as many calories as warm-blooded animals when putting on weight. Insects also use up less water than livestock per unit weight of flesh. A backyard cricket farm, located in a warm climate (insects are small creatures and therefore are more vulnerable to cold than mammals) could contribute impressive quantities of protein for a surging, hungry population, yet the farm could still be readily managed by a retiree. It's hard to deny that edible insects could create a much smaller environmental footprint than equivalent-sized portions of meat, especially in densely populated countries that don't have space for rearing bigger livestock.

① Insects pose a risk to livestock health.
② Insects are thriving due to a warmer climate.
③ Insects are a popular source of food in some countries.
④ Insects offer a greener, more efficient alternative to meat.

Those who _____ exercise considerable power. This is learned from a very early age. Young children soon realize that parents have control over valued resources, and that they often have to carry out certain tasks in order to receive these. They also quickly learn that they, too, have similar power over their parents and so begin to trade with them (e.g., 'If I get an A-grade for you, will you buy me a bicycle?'). Lecturers have power over students, as do employers over employees. And again, this is a two-way process. Employees can benefit their employer by working harder, and students their professors by turning up for class and appearing motivated.

① are in charge of evaluation
② have the ability to teach others
③ are higher up on the social ladder
④ have control over administration of rewards

Nature has selected traits in nonsocial animals that enable them to obtain food, water, air, and other resources directly from the physical environment without the support of other animals.

(A) Chickens need brains that facilitate their responses to changes in their physical environment but not brains for adjusting to changes in their fellow chickens.

(B) But for social animals, nature selected for the capacity to cooperate. As a consequence, the brains of wolves differ substantially from the brains of chickens.

(C) Wolves, on the other hand, hunt in packs with established social hierarchies. This means their brains must be adept at managing social roles and cooperation.

① (A)−(C)−(B)   ② (B)−(A)−(C)
③ (B)−(C)−(A)   ④ (C)−(B)−(A)

Reaction time is the length of time needed to make a decision and then do something. ① For example, a driver sees a ball roll in front of a moving car. ② The driver hits the brakes and the car stops. ③ Brakes are used not only to make a car stop but also to make it go slower. ④ Though reaction time is often less than a second, the car moves during the driver's reaction time. If the car is going 50 kilometers per hour, it will move about 10 meters during an average driver's reaction time.

📋 정답/해설 50p

[01 ~ 02] 밑줄 친 부분에 들어갈 말로 가장 적절한 것을 고르시오.

01

The discovery of the artifact was completely _____ as the researchers were initially searching for something entirely different.

① sacred
② ancient
③ cautious
④ accidental

02

The professor we contacted is still putting off deciding to physically attend the conference or _____ online.

① joins
② joined
③ joining
④ to join

03 밑줄 친 부분 중 어법상 옳지 않은 것은?

São Paulo is a late bloomer, ① having been surpassed by Rio de Janeiro; only when coffee became Brazil's vital export crop ② it emerged as a major center of economic activity. The great diversity of the city's buildings, many of ③ which are truly striking, ④ reflects a wide variety of architectural styles.

04 밑줄 친 부분에 들어갈 말로 가장 적절한 것은?

A: Harry, could you help me out? There's a paper stuck in the printer, and it won't come out.
B: Sure thing. Our printer's been giving us trouble lately.
A: _____
B: I agree. Our current one is too old. Why don't we talk to our boss about it?
A: We should. I'll bring it up in our next team meeting.

① But this printer is a brand new one.
② Did you get the printer working again?
③ What kind of document did you try printing?
④ Maybe we should consider getting a new printer.

[05 ~ 06] 다음 글을 읽고 물음에 답하시오.

✎	**Send**	Preview	Save

To	Eric Propst ⟨ericpropst@tigriscc.org⟩
From	Stacy Watkins ⟨swatkins@dpd.com⟩
Subject	This Week's Seminar
Date	November 3

📎   My PC   Browse

Times New ▼ 10pt ▼ G G G G G ≡ ≡ ≡ ≡

Dear Mr. Propst,

I regret to inform you that I must travel to London on business tonight and will not return until next week. I will therefore be unable to lead the seminar scheduled for Saturday afternoon.

My boss, Randy Martin, called me an hour ago and informed me of a problem with one of our major clients. He told me to be on a plane to England as soon as possible. He stated that this issue will require several days to solve, so I do not expect to return home until next Tuesday or Wednesday.

I am truly sorry about this. As you know, I value my relationship with the Tigris Community Center. Please contact me at your earliest convenience so that we can discuss rescheduling the seminar on business ethics.

Regretfully yours,

Stacy Watkins

05 윗글의 목적으로 가장 적절한 것은?
① 세미나 참가를 신청하려고
② 세미나 장소 변경을 논의하려고
③ 세미나를 진행할 강사를 추천하려고
④ 세미나 일정 차질에 대한 양해를 구하려고

06 밑줄 친 "value"의 의미와 가장 가까운 것은?
① rate
② trust
③ cherish
④ estimate

We are witnessing, across a wide range of domains, a shift away from the exclusive ownership and consumption of resources to one of shared use and consumption. This shift is taking advantage of innovative new ways of peer-to-peer sharing that are voluntary and enabled by internet-based exchange markets and mediation platforms. Several successful businesses in the US and elsewhere provide a proof of concept and evidence for the viability of peer-to-peer product sharing or collaborative consumption. These businesses and others allow owners to rent some assets on a short-term basis and non-owners to access these assets through renting on an as-needed basis. Collectively, these businesses and other manifestations of the collaborative consumption of products and services are giving rise to what is becoming known as the sharing economy.

① the need for rent reductions
② the emergence of the sharing economy
③ the pros and cons of peer-to-peer sharing
④ the potential risks of collaborative consumption

The distinctive property of cultural behavior, as ethologists use the term, is the way it is passed on from one generation to the next. Instead of being inherited by the process of Mendelian genetics, it is 'inherited' by imitation. An animal acquires a behavior pattern by imitating it from another. Thus, for a species to acquire a culture, its members should be able not only to learn and memorize but also to meet other members of its own species sufficiently often. Cultural behavior is, therefore, most likely to be found in species that _____.

① form social groups
② surpass animal instinct
③ possess superior genes
④ do well in memorization

However, that did not mean that the war was bloodless or without victims.

What was the Cold War? An easier question to answer might be, during the latter half of the twentieth century, what did the Cold War not encompass, especially for citizens of the United States and the Soviet Union? (①) The Cold War was an ideological clash between two different economic systems, which were championed by two world superpowers. (②) In reality, however, the Cold War forced people all over the world to struggle with differing ideas of freedom, human rights, the role of governments and democracy, and more. (③) The Cold War is called the Cold War because it was technically "cold"; there was no direct fighting between the two major opponents. (④) "Hot" fighting erupted in many corners of the globe; most famously, the United States involved itself in wars in Korea and Vietnam, and the Soviet Union was involved in fighting in China and Afghanistan.

The widespread occurrence of the surgical technique of trepanation, the removal of parts of the skull to expose the brain, in early civilizations suggests that ancient cultures recognized the brain as a critical organ. __(A)__, this does not necessarily mean that a link between the brain and the mind has its roots in prehistory. In fact, the long history prior to the scientific period suggests that it was not at all self-evident that mental functions must necessarily be attributed to the brain. The Egyptians, __(B)__, clearly did not hold the brain in particularly high esteem, since in the process of mummification it was scooped out and discarded. To the ancient Egyptians, it was the heart that was credited with intelligence and thought — probably for this reason it was carefully preserved when mummifying the deceased.

	(A)		(B)
①	Therefore	·····	on the other hand
②	Therefore	·····	consequently
③	However	·····	in contrast
④	However	·····	for instance

📋 정답/해설 53p

01 밑줄 친 부분에 들어갈 말로 가장 적절한 것은?

> The plant can _____ a wide range of temperatures, allowing it to grow in many different climates.

① imitate   ② integrate

③ tolerate   ④ terminate

02 밑줄 친 부분 중 어법상 옳지 않은 것은?

> Probably, you ① have never been given much thought to financial statements, but now you are looking at ② a few companies and trying to figure out ③ if their shares are worth ④ purchasing.

[03 ~ 04] 밑줄 친 부분에 들어갈 말로 가장 적절한 것을 고르시오.

03

> A: Hi, I'm here to file a complaint about something at work.
> B: Sure. What's the issue?
> A: My manager is making us work overnight shifts without any extra pay.
> B: _____?
> A: We just get a half-day off the next day.
> B: That's not really proper compensation. Could you please fill out this form with the details first? We'll review your complaint soon.
> A: Yes. Thank you.

① Is tomorrow your day off

② How long has it been like that

③ Is there no compensation at all

④ How much do you want as your salary

04

Brad

Hello. We received the products but found some of them broken.

16:41

Ben's Suppliers

I sincerely apologize for such inconvenience. What would you like us to do about the damaged items?

16:47

 Brad

_____.

16:50

Ben's Suppliers

Of course. Please give us the list of items that were damaged during shipment for us to send again.

16:52

 Brad

Okay. I'll hand it over to you in just a moment.

16:53

① We ensure you a quick shipment

② We never received the products we ordered

③ We would like replacements as soon as possible

④ We are unable to wire the payment by the due date

(A)

Brighton's annual summer parade is returning this year with a notable change: the parade route has been significantly altered for 2024. Traditionally, the parade has followed a familiar path, but this year, organizers have introduced a new route to better accommodate the growing crowd and highlight different areas of Brighton.

The parade on Saturday, July 10, will start at 9:00 AM and finish at 11:00 AM as usual. But it will now begin at Riverside Park instead of Meridian Park. It will proceed down Cedar Street, turn left onto Ashford Avenue, and continue along Market Street, ending at City Hall. As a result, these streets will be closed to traffic from 7:00 AM to noon on the day of the event.

The parade will feature the Brighton High School and Brighton College marching bands who offered to volunteer, along with various vehicles and displays sponsored by local businesses.

Please take note of the new route and plan accordingly. With the change in route, we're hoping that attendance this year is better than last year's record-setting numbers.

05 (A)에 들어갈 윗글의 제목으로 가장 적절한 것은?
① This Year's Parade to Reduce in Size
② New Brighton Parade Route This Year
③ Audition to Join Brighton's Marching Band
④ Announcing the Cancelation of Brighton Parade

06 윗글의 내용과 일치하지 않는 것은?
① The event will last for around two hours.
② Some streets will be closed in the morning.
③ Local schools were offered payment to join in.
④ The number of attendees last year set a record.

07 다음 글의 요지로 가장 적절한 것은?

Endangered pandas, blue whales, rhinos, and chimpanzees generally make the headlines because they are the most appealing or visible victims. Most preservation efforts are spent on these species. Interest in less appealing species is often difficult to stir, but many less conspicuous species are important components of natural systems, even keystone species. Many inconspicuous species are vital to human welfare. For example, in India, sharp declines in the frog populations may be partly responsible for higher rates of insect damage on crops and for an increase in malaria, a serious and sometimes fatal disease transmitted by mosquitos, a main component of the frog's diet. Losing species, therefore, is not just an aesthetic tragedy; it can have profound environmental, economic, and health consequences, regardless of how appealing those species are.

① India is struggling with a growing insect population.
② Appealing species are more prone to being endangered.
③ There is a growing attention towards less visible species.
④ Conservation efforts should extend to less appealing species.

One of the most destructive myths of all is the one that tells us that _____. It has been widely believed for centuries, and still is, that education, opportunity, motivation, and hard work can only carry someone up to a certain point because most intellectual ability is tightly confined by inherited or genetic restraints. Worse, these limits are believed to be identifiable by a test, a few report cards, or maybe by nothing more than a mere glance at one's physical appearance. Alfred Binet, the French psychologist who developed the intelligence quotient (IQ) test in the early 1900s, would surely be one of its most vocal critics today if he were still alive. He created the test specifically for the purpose of identifying children who suffered from severe mental problems or learning disabilities so that they could receive special attention early on. Binet never intended or imagined that his test would be used to make sweeping assumptions about whether a person is born smart or not.

① intelligence is innate and fixed
② there is no limit to our intelligence
③ group IQ is higher than individual IQ
④ effort is more important than intelligence

Heart disease is the leading cause of death in the United States, accounting for 1 in every 4 deaths.

(A) It affects individuals across all races and ethnicities. No one is immune to its effects.

(B) That's about 610,000 people who die from the condition each year. And heart disease doesn't discriminate.

(C) But the good news is that it's largely preventable. By adopting healthy lifestyle habits early on, you can keep your heart healthy and potentially live longer.

① (B)−(A)−(C)　　② (B)−(C)−(A)
③ (C)−(A)−(B)　　④ (C)−(B)−(A)

Paradoxically, some studies suggest that patients may be more satisfied when more is done, even if what is done doesn't actually improve their health. ① Researchers at nine Virginia hospitals tested the benefit of more frequent telephone follow-up for patients released from the hospital. ② The ultimate goal of health care is not only to delay death but also to prevent illness and support healthy aging. ③ Those with closer follow-up were more satisfied with their care, though no actual treatments were given. ④ This suggests that patients often equate frequent contact with better care. Hence, regular follow-ups can be just as important as medical interventions in terms of patient contentment.

2025 완전 개정판

심슨보카

공무원 영어에 필요한 단어를
단 한 권의 책에 모두 담다!

출제 기조 변화에 따른
신유형 대비
예상 어휘 수록

독해에 자주 나오는
숙어 및 빈출 생활영어
표현 정리

파생어·동의어 정리 및
초중등 기초단어 수록

 심슨 보카 완벽 암기 시스템

① 심슨 VOCA 강의 무료 (공단기 심우철 선생님 직강) ② 심슨영어연구소 스파르타 클래스 운영 ③ 어플 암기 서비스 암기고래 APP 정식 제휴
④ 주관식 복습 테스트지 다운로드 ⑤ 원어민 mp3 다운로드

위 서비스는 네이버카페 '심슨영어연구소'에서 확인할 수 있습니다.
http://cafe.naver.com/shimson2000

초고효율 학습관리
심우철 스파르타 클래스

의지박약도 반드시 암기하게 만들어 드립니다

예치금 단돈 1만원

미션을 완료하면 환급을 해드립니다!

| 스파르타 신청시 **1만원** 예치금 | + | 스파르타 전용 **학습자료** 제공 | + | 매일 학습 과제 **MISSION** 인증 | = | 주어진 미션 **Complete** 환급 |

매일 미션 공지   **열심히 공부**   **미션 인증**

매일 아침마다   하루 동안 주어진 미션을   주어진 시간 내에
미션 안내 공지를 보내드려요.   열심히 수행합니다.   수행한 미션을 인증합니다.

수강생 리얼 후기

"스파르타 아니었으면 못했을 거예요"

스파르타 클래스 덕분에 정말 짧은 시간동안 이 많은 어휘를 모두 암기할 수 있었습니다.
말로 형용할 수 없는 만족감을 주신 심우철 선생님께 감사드려요

보카 스파르타 클래스 1기 서*민 수강생 후기

30일동안 하루도 밀리지 않고 강의 듣고, 암기하고, 테스트하고, 복습하고,
이 많은 단어를 다 외우고.. 혼자했다면 불가능했을 거예요 정말로 ㅠㅠ

보카 스파르타 클래스 3기 김*지 수강생 후기

심우철 선생님과 심슨영어연구소 소통 채널

심슨영어연구소 | 각종 학습 자료 제공, Q&A, 공지 사항 및 스파르타 클래스 운영

심슨영어연구소 | 복습 스터디 영상, 동기 부여 영상, 분기별 라이브 상담 진행

@eng_shimson (심우철 선생님) | 심슨쌤 일상 및 노량진 학원가 맛집 피드 업로드

@shimson_lab (심슨영어연구소) | 중요 일정 공지, 연구원-수험생과의 소통 채널

2025 심우철

하프 모의고사

정답 / 해설

This is
TRENDY
HALF!

심우철 지음

Shimson_lab

**2025 심우철 영어
하프 모의고사 시리즈**

Season 2

**2025
신경향**

커넥츠 공단기 gong.conects.com   심슨영어연구소 카페 cafe.naver.com/shimson2000

01	②	02	③	03	④	04	④	05	④
06	①	07	③	08	③	09	③	10	④

01

정답 ②

해설 빠른 효과를 원하는 사람들에게 인기 있다는 내용으로 보아 건강 제품은 그러한 효과를 보장한다는 것을 알 수 있으므로, 빈칸에 들어갈 말로 가장 적절한 것은 ② 'instant(즉각적인)'이다.
① 안전한 ③ 계속되는 ④ 수익성 있는

해석 이 건강 제품은 즉각적인 효과를 보장하기 때문에 빠른 효과를 원하는 사람들에게 인기 있는 제품이다.

어휘 rapid 빠른 effectiveness 효과

02

정답 ③

해설 빈칸 앞에는 명사 any meal과 전치사 with가 있고 뒤에는 완전한 절이 오고 있으므로, any meal을 선행사로 취하고 완전한 절을 이끌면서 satisfied와 자연스럽게 연결되는 '전치사(with) + 관계대명사' 형태가 되도록, 빈칸에는 목적격 관계대명사 which가 와야 한다. what과 whose는 완전한 절을 이끌 수 없는 관계대명사이며, 의문형용사로 보는 것도 뒤에 수식할 명사가 없으므로 부적절하다. 또한 that은 전치사 뒤에 올 수 없으므로, 빈칸에 들어갈 말로 가장 적절한 것은 ③ 'which'이다.

해석 손님들은 그 식당에서 만족하지 못한 식사에 대해 교체를 요청할 수 있다.

어휘 replacement 교체 satisfied with ~에 만족한

03

정답 ④

해설 (indicated → indicating) indicated 이하는 false data를 수식하는 분사구인데, 타동사 indicate 뒤에 목적어인 명사절이 오고 있으며, 의미상으로도 거짓된 데이터가 장비가 의도대로 작동하고 있음을 '나타내는' 것이므로 능동의 현재분사 indicating이 쓰여야 한다.
① 주어인 The computer worm이 '설계한' 것이 아니라 '설계된' 것이므로 수동태 was designed는 적절하게 쓰였다.
② 맥락상 cause는 등위접속사 and를 통해 to 부정사의 부사적 용법으로 쓰인 to take over와 병렬되고 있다. to 부정사는 병렬 시 두 번째 병렬 대상부터는 to를 생략할 수 있으므로 적절하게 쓰였다.
③ 5형식 동사로 쓰인 cause는 목적격 보어로 to 부정사를 취하므로 to malfunction의 쓰임은 적절하다. 참고로 목적어는 the equipment이고, run by those systems는 목적어를 수식하는 분사구이다.

해석 그 컴퓨터 웜은 특정 산업용 제어 시스템을 장악하고 해당 시스템으로 작동되는 장비가 오작동하게 만들면서 그것이 의도대로 작동하고 있음을 나타내는 거짓된 데이터를 제공하도록 설계되었다.

어휘 worm 웜(컴퓨터 바이러스 일종) take over 장악하다 malfunction 제대로 작동하지 않다 false 틀린, 거짓된 indicate 나타내다

04

정답 ④

해설 현금 흐름에 문제가 있어 결제 기한을 2주 늘려 달라는 B의 부탁에 A가 빈칸 내용을 물었다. 이에 B는 그렇다고 한 후에 해당 기간 내에 결제가 처리될 것을 보장하며 A를 안심시키고 있으므로, 빈칸에 들어갈 말로 가장 적절한 것은 ④ '그때까지 결제가 완료되는 것이 확실한가요'이다.
① 배송은 얼마나 걸리나요
② 주문 코드를 알려 주시겠어요
③ 연기가 필요한 이유를 알려 주시겠어요

해석 A: 안녕하세요, 저희가 아직 결제 대금을 받지 못했음을 알려드리기 위해 전화드립니다. 주문을 처리하려면 그것을 받아야 해서요.
B: 죄송합니다. 안타깝게도 저희가 현금 흐름에 문제를 좀 겪고 있습니다. 2주만 더 주실 수 있을까요?
A: 그때까지 결제가 완료되는 것이 확실한가요?
B: 네, 해당 기간 내에 결제가 처리될 것을 장담합니다.
A: 알겠습니다. 재무팀과 상의한 후 다시 연락드려야 할 것 같습니다.
B: 감사합니다. 답변을 기다리겠습니다.

어휘 notify 알리다 process 처리하다 cash flow 현금 흐름 guarantee 장담하다 timeframe 기간 get back to ~에게 다시 연락하다 look forward to ~을 기대하다

05

정답 ④

해설 첫 문단에서 최근에 확보한 역사 문헌을 서머빌 도서관에 기증하고자 한다고 말했으므로, 글의 목적으로 가장 적절한 것은 ④ '역사 문헌을 기증하려고'이다.
① 역사 문헌을 열람할 수 있는지 문의하려고 → 주민 모두가 역사 문헌을 열람할 수 있도록 기증한다는 내용의 글이다.
② 역사 문헌에 관한 세미나를 요청하려고 → 세미나를 요청한 적은 없다.
③ 역사 문헌의 출처를 알아내려고 → 사료의 출처는 글에서 설명되었다.

06

정답 ①

해설 맥락상 matter는 '사안'이라는 뜻으로 쓰였으므로, 이와 의미가 가장 가까운 것은 ① 'issue(사안)'이다.
② 골칫거리 ③ 물질 ④ 결과, 중요함

05-06

해석 수신: Teresa Rudolph <trudolph@summervillelibrary.org>
발신: John Wellman <john_wellman@homemail.com>
제목: 역사 문헌
날짜: 4월 11일

친애하는 Rudolph 씨에게,

제 이름은 John Wellman입니다. 저는 최근에 상당한 양의 역사 문헌을 확보하였는데, 이를 서머빌 도서관에 기증하고자 합니다.

제 조상인 Ian Wellman은 1790년대에 서머빌의 설립자 중 한 명이었습니다. 지난 2세기 동안 우리 가족은 서머빌과 주변 지역에 관한 수많은 역사 문헌을 수집해 왔습니다. 이 문서들을 제 집에 보관하기보다는 모든 지역 주민이 이용할 수 있게 하고 싶습니다.

직접 만나서 이 사안에 대해 자세히 논의할 것을 제안합니다. 또한 어떤 문서를 받게 되실지 알 수 있도록 문서를 보여 드릴 수도 있습니다. 시간이 되실 때 (617) 555-0931로 전화 주세요.

안부를 전하며,

John Wellman

어휘 obtain 확보하다 sizable 상당한 document 문서 ancestor 조상 founder 설립자 collect 수집하다 surrounding 주변의 lock away ~을 엄중히 보관하다 available 이용 가능한 local 지역의 resident 주민 propose 제안하다 in person 직접, 몸소 receive 받다

07

정답 ③

해설 북미 원주민들은 건강을 자연과 균형 있는 관계를 유지하는 것이라 보며, 그런 관계의 불균형이 생겨서 아픈 것이기에 북미 원주민에게 의학은 조화의 회복에 초점을 두며 신체적·정신적·영적 회복과 관련이 있다는 내용의 글이다. 따라서 글의 주제로 가장 적절한 것은 ③ '북미 원주민들의 전통적인 건강 믿음'이다.
① 전통 의학의 과학적 근거 → 전통 의학에 어떠한 과학적 근거가 있는지 설명하는 글이 아니다.
② 널리 알려진 건강 미신과 치료법 → 이 글에서는 북미 원주민이 건강에 대해 가지는 믿음을 '미신'으로 치부하지는 않고 있으며, 그들의 믿음이 널리 알려진 것이라고 말할 수도 없다.
④ 북미 원주민들의 전염병을 통제하는 방법 → 전염병을 통제하는 방법에 관한 내용은 없다.

해석 북미 원주민 문화에서 건강은 넓게는 가족, 공동체, 환경으로 정의되는 자연과 개인이 맺는 관계를 반영한다. 모든 질병은 초자연적, 정신적 또는 사회적인 영향과의 불균형에서 기인한다. 치료는 증상이 아닌 불균형의 원인에 초점을 두며, 이러한 접근 방식에 있어서 전체론적이다. 아픈 사람은 우주와 조화를 이루지 못하며, 공동체와 가족의 지원은 병을 치료하는 것이 아니라 조화를 회복하는 데 집중된다. 전통적인 북미 원주민의 의학은 균형, 조화, 영적 안녕에 중점을 두면서 신체적, 정신적, 영적 회복과 관련 있다.

어휘 define 정의하다, 규정하다 imbalance 불균형 supernatural 초자연적인 spiritual 영적인 implication 영향 holistic 전체론적인 at odds with ~와 조화롭지 않은 concerned with ~와 관련이 있는 renewal 회복, 재생 emphasis 강조

08

정답 ③

해설 어떤 것에 이름을 붙이면 그것을 아는 것이라고 믿는 것이 이름의 오류(nominal fallacy)인데, 결국 이것은 이름에 설명이나 이해를 돕는 정보가 포함된다고 믿는 오류이므로, 빈칸에 들어갈 말로 가장 적절한 것은 ③ '호칭이 설명적인 정보를 지니고 있다'이다.
① 모든 과학적 현상이 유용하다 → 글의 핵심과 관계없는 내용이다.
② 설명을 넘어서는 것이 있다 → 이름의 오류는 설명을 넘어서는 게 있다고 믿는 것이 아니라 이름이 곧 설명이라고 믿는 것이다.
④ 과학은 단순 이름 이상의 것이다 → 이 선지는 오히려 이 글의 핵심에 가까운 내용으로, '오류'에 해당하지 않는다.

해석 너무나 자주 과학에서 우리는 "그것에 이름을 붙이는 것은 그것을 길들이는 것이다"라는 원칙에 따라 행동하거나 그렇게 한다고 생각한다. 연구하는 과학자들 사이에서조차 가장 쉽게 저지르는 실수 중 하나는 어떤 것에 호칭을 붙이는 것이 어떻게든 설명이나 이해에 보탬이 된다고 믿는 것이다. 그보다 더 안 좋은 것은 우리가 가르칠 때 늘 그것을 사용하고, 그리하여 학생들에게 이름이 붙여진 현상은 알려진 현상이고, 이름을 아는 것이 곧 현상을 아는 것이라고 믿게 하는 것이다. 특히 생물학에서는 분자, 해부학적 부위, 생리적 기능, 유기체, 가설 등 모든 것에 대한 호칭이 있지만, 그렇다고 해서 우리가 진정으로 그것을 이해한다는 의미는 아니다. 이것이 나와 다른 사람들이 '이름의 오류'라고 부르게 된 것이다. 이는 호칭이 설명적인 정보를 지니고 있다고 믿는 실수이다.

어휘 tame 길들이다 label 이름을 붙이다; 호칭 phenomenon 현상 molecule 분자 anatomical 해부학상의 physiological 생리학의 organism 생물 hypothesis 가설(pl. hypotheses) nominal 이름의 fallacy 오류 utility 유용성

09

정답 ③

해설 주어진 문장은 동물행동학자들은 감정 표현을 보편적인 생물학적 기질이라고 주장한다는 내용이다. 역접의 접속사 However로 시작하는 것을 보아, 그 이전까지는 그러한 표현이 보편적으로 여겨지지 않는다는 내용, 즉 ③ 앞까지의 내용이 나와야 한다. 또한 ③ 뒤 문장에서 They가 주어진 문장의 ethologists를 받으면서, 눈이 보이지 않고 귀가 들리지 않는 유아도 these gestures, 즉 주어진 문장의 expressions ~ sadness를 같은 방식으로 표현한다고 말하는 흐름이 자연스럽다. 따라서 주어진 문장이 들어갈 위치로 가장 적절한 것은 ③이다.

해석 어떤 보편적인 몸짓도 존재하지 않는다는 것은 정말 사실일까? 이 점에 관해서는 어느 정도의 논쟁이 있다. 몇몇 인류학자들은 어떤 몸짓도 보편적이지 않다고 주장한다. 그들은 심지어 "네"를 나타내기 위해 고개를 위아래로 끄덕이는 것조차도 보편적이지 않다는 점을 지적하는데, 터키의 일부 지역과 같은 세계의 몇몇 지역에서 고개를 위아래로 끄덕이는 것은 "아니요"를 의미하기 때문이다. 그러나 행동의 생물학적 토대를 연구하는 연구원들인 동물행동학자들은 노여움, 두려움, 슬픔의 표현은 우리의 생물학적 기질의 일부이며 보편적이라고 주장한다. 그들은 심지어 눈이 보이지 않고 귀가 들리지 않는 채로 태어나 이러한 몸짓을 배울 기회를 가지지 못한 유아들조차도 같은 방식으로 자신을 표현한다는 점을 지적한다. 이는 일부 몸짓은 타고난 것이며 문화적 차이를 초월한다는 것을 보여준다.

어휘 ethologist 동물행동학자 makeup 기질, 성질 anthropologist 인류학자 nod 고개를 끄덕이다 infant 유아 deaf 귀가 먼 demonstrate 보여주다, 입증하다 innate 선천적인, 타고난 transcend 초월하다

10

정답 ④

해설 마지막 문장에서 수업은 선착순으로 마감된다고 언급되므로, 글의 내용과 일치하지 않는 것은 ④ '수업 등록은 추첨 시스템을 통해 결정된다.'이다.
① 자수 수업은 이전에 열린 적이 있다. → 2번째 문장에서 자수 수업은 이전에도 개설되었다는 것을 알 수 있으므로 옳은 선지이다.
② 컴퓨터 프로그래밍은 새로운 수업이다. → 4번째 문장에서 언급된 내용이다.
③ 수업은 지역 주민에게 무료로 제공된다. → 마지막 2번째 문장에서 언급된 내용이다.

해석 **그린브리어 커뮤니티 센터**
그린브리어 커뮤니티 센터의 봄철 수업 일정이 막 확정되었습니다. 평소처럼 자수, 바느질, 퀼트 만들기 수업이 다시 한번 열릴 예정입니다. 또한 몇 가지 새로운 수업이 추가된다는 소식을 알려 드리게 되어 기쁩니다. 커뮤니티 센터에서 처음으로 개설되는 수업은 컴퓨터 프로그래밍과 소규모 사업을 위한 마케팅 수업입니다. 수업은 지역 주민인 Brian Robinson과 Coleen Patterson이 각각 가르칠 예정입니다. 수업은 지역 주민에게 무료이지만 자리가 한정되어 있다는 점도 알려 드리고자 합니다. 등록은 현재 진행 중이며, 수업은 선착순으로 마감됩니다.

어휘 finalize 확정하다 needlepoint 캔버스 천에 바늘로 수놓는 자수법 sewing 바느질 local 지역의; 주민 resident 주민 respectively 각각 remind 상기시키다 registration 등록 first-come, first-served 선착순의 hold 주최하다, 열다 enrollment 등록 determine 결정하다

01	③	02	④	03	②	04	①	05	④
06	③	07	④	08	②	09	③	10	④

01

정답 ③

해설 그의 기분이 어떤 때는 좋고 어떤 때는 우울해 보인다는 부연 설명으로 보아 그는 감정 기복이 심한 상태임을 알 수 있으므로, 빈칸에 들어갈 말로 가장 적절한 것은 ③ 'fluctuate(기복이 심하다, 변동하다)'이다.
① 악화되다 ② 개선되다 ④ 안정되다

해석 그의 기분은 요즘 눈에 띄게 기복이 심해 보이는데, 어떤 때는 매우 밝고 에너지가 넘치다가도 어떤 때는 상당히 우울해 보이기도 한다.

어휘 noticeably 눈에 띄게 cheerful 밝은, 쾌활한 depressed 우울한

02

정답 ④

해설 문두의 Even though로 보아, 쌍둥이는 똑같이 생겼으나 피부색의 차이로 그들을 쉽게 구별할 수 있다는 맥락이 자연스러우므로 빈칸에 들어갈 말로 가장 적절한 것은 ④ 'distinguish(구별하다)'이다.
① 변장시키다 ② 산만하게 하다 ③ 훈육하다

해석 그 쌍둥이는 언뜻 보기에는 거의 똑같이 생겼지만, 사실 그들 피부색의 미묘한 차이를 알게 되면 꽤 쉽게 구별할 수 있다.

어휘 identical 똑같은 at first glance 언뜻 보기에는 subtle 미묘한

03

정답 ②

해설 (have set → set) 문장 내에 three decades ago라는 과거 시점 부사구가 있으므로 문장의 동사는 과거시제 set으로 쓰여야 한다. 참고로 기간을 나타내는 for approximately 25 to 30 years는 pioneering computer scientists를 수식하는 관계사절 내에 있으므로, 문장의 본동사에는 영향을 미치지 않는 시제 부사구임에 유의해야 한다.
① laid ~ scientists는 주어인 The technological advances를 수식하는 분사구인데, '놓다'라는 뜻의 타동사 lay 뒤에 목적어가 없으며 의미상으로도 기술 발전이 과학자들에 의해 '놓인' 것이므로 수동의 과거분사 laid는 적절하게 쓰였다. '놓여 있다'라는 뜻을 지닌 자동사 lie와의 구별에 유의해야 한다.
③ 분사구문에서 타동사로 쓰인 transform 뒤에 목적어인 virtually ~ lives가 있으며, 의미상 주어인 These breakthroughs가 거의 모든 생활 측면을 '변화시킨' 것이므로 능동의 현재분사 transforming은 적절하게 쓰였다.
④ every 뒤에는 단수 명사가 와야 하므로 aspect의 수일치는 적절하다.

해석 약 25년에서 30년 동안 혁신을 위해 애써왔던 선구적인 컴퓨터 과학자들이 마련한 기술 발전은 30년 전 인터넷의 획기적인 발전을 위한 발판이 되었다. 이 획기적인 발전은 글로벌 네트워크의 형성을 가능하게 했고, 그 이후 우리가 소통하고, 정보를 찾고, 일하고, 학습하고, 즐기는 방식을 포함하여 우리 삶의 거의 모든 측면을 변화시켰다.

어휘 advance 발전 pioneering 선구적인 innovation 혁신 approximately 대략 groundbreaking 획기적인 breakthrough 획기적인 발전 transform 변화시키다 virtually 거의, 사실상 entertain 즐겁게 하다

04

정답 ①

해설 발표를 대신해 달라고 부탁하는 상황에서 Ben은 빈칸 내용을 언급하였다. 이에 Claire는 물론이라고 말하며, 필요한 모든 것을 보내 주겠다고 했다. 따라서 빈칸에서 Ben은 발표에 필요한 자료에 관해 물어본 것을 알수 있으므로, 빈칸에 들어갈 말로 가장 적절한 것은 ① '최소한 자료를 먼저 검토해 봐도 될까요?'이다.
② 당신을 대신할 다른 사람이 또 있나요?
③ 전 이 발표를 준비하느라 정말 많은 시간을 보냈어요.
④ 당신은 내일 콘퍼런스에서 훌륭한 발표자가 될 거예요.

해석 Claire: Ben, 큰 부탁이 있어요. 내일 콘퍼런스에서 발표를 하기로 했는데 제가 코로나에 걸려서요. 저 대신 발표해 주실 수 있나요?
Ben: 아, 정말 안됐네요. 근데 내일이요? 너무 갑작스러운데요! 저는 아무것도 준비된 게 없어요.
Claire: 막바지인 건 알지만 당신이 해 줬으면 좋겠어요. 이 프로젝트에 대해 누구보다 잘 아시잖아요.
Ben: 최소한 자료를 먼저 검토해 봐도 될까요?
Claire: 물론이죠. 대본, 데이터 및 기타 필요한 모든 것을 보내 드릴게요. 그리고 무엇이든 도와드릴게요.
Ben: 알겠어요, 한번 해 볼게요.

어휘 favor 부탁 come down with ~에 걸리다 sudden 갑작스러운 last minute 막바지의 give sth a shot ~을 시도해 보다 fill in for ~을 대신하다

05

정답 ④

해설 성공한 사업가인 Arthur Stewart가 자신이 겪어 온 인생에 관한 이야기를 나누는 자리를 소개하는 글이다. 따라서 글의 제목으로 가장 적절한 것은 ④ '성공한 사업가 자신의 삶에 대해 이야기하다'이다.
① 그레이스 보육원이 특별한 행사를 개최하다 → 그레이스 보육원은 행사 주체가 아닌, 연설 수익금을 기부받는 곳이다.
② 기업 리더들과 점심 식사를 하며 네트워크를 형성하세요 → 업계 사람들과의 인맥 형성을 위한 행사가 아니다.
③ 기업 경영 전략에 관한 세미나 → 비즈니스 경영 전략이 아닌, 한 사람의 인생 이야기를 나누는 자리이다.

06

정답 ③

해설 글 후반부에서 입장권은 전화로 구매할 수 있으며 결제는 현장에서 이루어진다고 언급되므로 글의 내용과 일치하지 않는 것은 ③ '입장권은 온라인 등록을 통해 예약할 수 있다.'이다.
① Stewart 씨는 화이트무어 인더스트리를 소유한다. → 글 초반부에서 언급된 내용이다.
② 오찬은 연설 전에 진행된다. → 글 중반부에서 언급된 내용이다.
④ 행사의 수익금은 좋은 목적에 사용된다. → 글 후반부에서 언급된 내용이다.

05-06

해석

성공한 사업가가 자신의 삶에 대해 이야기하다

화이트무어 인더스트리를 비롯한 여러 사업체의 소유주인 Arthur Stewart가 자신의 삶에 대해 연설할 예정입니다. Stewart 씨는 자신의 어린 시절을 이야기하고 그가 직면했던 개인적인 어려움과 도전, 그리고 이를 극복한 방법에 대해 이야기할 예정입니다. 이 도시를 대표하는 사업가의 이야기를 듣고 싶은 분은 누구든지 참석해도 좋습니다.

연설은 7월 12일 토요일 오후 2시부터 3시까지 진행됩니다. 연설은 파밍턴 컨벤션 센터에서 진행됩니다. 연설에 앞서 정오부터 오후 1시 30분까지 오찬이 열립니다. 연설이 끝나면 Stewart 씨는 청중들의 질문에 답변할 예정입니다.

입장권은 (907) 555-8612로 전화하여 구매할 수 있습니다. 오찬 및 연설 참석 비용은 150달러입니다. 결제는 현장에서 해야 합니다. 모든 수익금은 지역 자선단체인 그레이스 보육원에 기부됩니다.

어휘 speech 연설 struggle 어려움 challenge 도전 face 직면하다 overcome 극복하다 attend 참석하다 last 계속되다 take place 개최되다 luncheon 오찬 audience 청중 available 구매할 수 있는 on-site 현장에서 proceeds 수익금 donate 기부하다 orphanage 보육원 local 지역의 charity 자선단체 host 개최하다 administration 경영 strategy 전략 cause 목적, 대의명분

07

정답 ④

해설 전력 생산 중 원자력이 차지하는 비중이 점차 줄어들 것이라는 전문 기관의 예측에 관한 글로, 이는 미국뿐만 아닌 전 세계적인 경향임을 알 수 있다. 따라서 글의 요지로 가장 적절한 것은 ④ '미래 에너지 시장은 원자력에 덜 의존하게 될 것이다.'이다.
① 원자력이 재생 에너지 자원으로서 인기를 얻고 있다. → 원자력의 점유율이 오히려 줄어들고 있다는 내용의 글이므로 반대된다.
② 기술이 발전함에 따라 전 세계적인 전력 수요가 감소할 것이다. → 전력 수요가 감소한다는 언급은 없다.
③ 천연가스의 낮은 가격은 그것을 매력적인 에너지 선택지로 만든다. → 천연가스의 낮은 가격은 원자력 발전 용량 감소에 대한 원인 중 하나로 언급되었을 뿐이며, 이 글의 중심 소재는 '천연가스'가 아닌 '원자력'이므로 적절하지 않다.

해석 미국에너지정보국에 따르면, 현재 추세를 고려할 때 미국 전력 생산 중 원자력의 점유율은 2020년의 약 19%에서 2050년쯤 단지 11%로 떨어질 수 있다고 한다. EIA의 조사 통계학자 Suparna Ray는 기관 웹사이트의 최근 기사에서 "미국의 원자력 발전 용량 감소는 역사적으로 낮은 천연가스 가격과 제한된 전력 수요 증가, 재생 에너지와의 경쟁 심화에 따른 결과"라고 썼다. 전 세계적으로는, 국제원자력기구가 현재 시장, 기술, 자원의 추세가 지속될 경우 전력 생산 중 원자력의 점유율이 2050년쯤엔 10%에서 6%로 떨어질 수 있다고 추산한다. Ray는 "소위 원자력 르네상스는 신화"라며 "오직 몇몇 국가만이 막대한 보조금으로 새로운 원자력 발전소를 건설하고 있다"라고 말한다.

어휘 nuclear power 원자력 administration 관리청 capacity 용량 demand 수요 renewable 재생 가능한 statistician 통계학자 agency (정부) 기관 atomic 원자의 so-called 소위 renaissance 르네상스, 부흥 power plant 발전소 subsidy (국가의) 보조금

08

정답 ②

해설 심사숙고하며 시간을 끌기보다는 빠르게 행동하는 것이 생존에 필수적이었던 과거의 영향으로, 지금 세상이 바뀌었음에도 사회는 여전히 결단력 있는 빠른 판단과 행동을 선호한다는 내용의 글이다. 따라서 빈칸에 들어갈 말로 가장 적절한 것은 ② '관망하는 전략보다는 빠른 행동을 선호한다'이다.
① 두려움으로부터 도망치는 사람들을 비판한다 → 오히려 과거에는 도망가는 것이 생존에 필수적이었으며, 오늘날에도 이러한 빠른 반응이 필요하다는 주장을 하고 있으므로 적절하지 않다.
③ 속도를 느리게 유지하는 것을 이상적인 원칙으로 여긴다 → 빠른 판단이 필요하다는 것이 글의 요지이므로 반대된다.
④ 사회 구성원들의 신중한 선택을 바람직한 것으로 여긴다 → 필자는 신중함보다는 속도를 중요시하고 있으므로 반대된다.

해석 우리의 과거 수렵 채집인 환경에서는 행동이 심사숙고를 능가했다. 번개처럼 빠른 반응이 생존에 필수적이었고, 숙고하는 것은 치명적일 수 있었다. 우리의 조상들은 숲의 가장자리에서 검은 윤곽이 나타나는 것을 보았을 때, 그것이 무엇일까에 대해 곰곰이 생각하지 않았다. 그들은 빠르게 도망쳤다. 우리는 이렇게 빠르게 반응하는 사람들의 후손이다. 비록 지금 우리의 세상은 다르고 심사숙고하는 것을 보상하지만, 명백히 행동하지 않는 것은 여전히 큰 죄로 남아 있다. 당신이 회사, 정부, 나아가 인류를 위해 기다림으로써 정확히 올바른 결정을 한다 해도, 당신은 당신의 이름이 새겨진 어떠한 훈장도, 메달도, 동상도 받을 수 없다. 반면에, 당신이 결단력과 빠른 판단력을 발휘하여 상황이 개선된다면, 당신의 상사나 심지어 시장이 당신에게 악수를 청할 수도 있다. 사회는 전반적으로 여전히 <u>관망하는 전략보다는 빠른 행동을 선호한다</u>.

어휘 hunter-gatherer 수렵 채집인 surpass 능가하다 reflection 심사숙고 deliberation 숙고 ponder over ~에 대해 곰곰이 생각하다 descendant 자손, 후손 outright 명백한, 완전한 cardinal 주요한, 기본적인 decisiveness 결단력 improve 향상되다

09

정답 ③

해설 주어진 글은 장소 간의 교류, 즉 관광이 여행 시간 및 비용과 함수 관계에 있다고 말하며, 여행 시간이 증가하면 교류가 줄어든다는 점을 먼저 설명하고 있다. 이어서는 이와 마찬가지로(The same is true of) 비용이 증가하면 교류가 줄어든다고 설명하는 (B)가 나오는 것이 자연스럽다. 그다음으로, 이 경향이(This) 대부분의 관광이 인접 국가에서 이루어지는 점을 설명한다는 내용의 (C)가 와야 한다. 마지막으로, (C)의 This general pattern을 this rule로 받아, 이에 예외가 있다는 내용을 역접의 연결사 however로 연결하는 (A)가 와야 한다. 따라서 글의 순서로 가장 적절한 것은 ③ '(B) - (C) - (A)'이다.

해석 장소 간의 교류, 즉 관광은 여행 시간 및 비용과 함수 관계에 있다. 일반적으로, 여행 시간이 증가하면, 장소 간의 교류는 줄어든다. (B) 비용에 관해서도 마찬가지이다. 비용이 증가하면, 장소 간의 교류는 줄어든다. (C) 이것이 대부분의 여행이 인접 국가에서 이루어지는 이유를 설명한다. 이러한 일반적인 국제 관광 양상은 가능한 한 적은 시간과 비용을 소비하려는 욕구를 반영한다. (A) 하지만 이러한 일반적인 규칙에 대한 예외가 있다. 먼 곳에 있는 장소들은 특별한 감정을 불러일으켜 그 장소들을 더 이국적이고 매력적으로 만들고, 그 결과 방문객을 끌어들여 장거리 관광을 창출할 수 있다.

어휘 interaction 교류, 상호 작용 function 함수 exception 예외 evoke 불러일으키다 exotic 이국적인 desire 욕구

10

정답 ④

해설 이 글은 사람들이 자연 현상의 변화를 통해 날씨를 예측하는 방법에 관한 내용이므로, 글의 흐름상 어색한 문장은 꽃이 화환이나 장식으로 쓰이는 피지의 사례를 언급하는 ④이다.

해석 전 세계 사람들은 여러 세대 동안 날씨를 예측하는 상식적인 방법을 사용해 왔다. 농부들은 불어오는 바람에 단풍나무 잎들이 돌돌 말리면서 뒤집히면 반드시 비가 온다는 것을 알아차렸다. 나무꾼들은 겨울에 날씨가 얼마나 혹독할지를 견과나무 위 이끼의 밀도로 알 수 있다고 주장한다. 목장의 일꾼들은 민들레나 클로버 같은 일부 식물들이 폭풍우 전에 (꽃잎을) 접는 것에서 정확히 비를 예보할 수 있다는 것을 배운다. (<u>피지에서는 꽃이 의식과 축제를 위해 화환으로 엮이거나 지정된 날에 귀 뒤에 장식으로 착용된다.</u>) 야생화 애호가들은 "가난한 사람의 기압계"라는 별명의 뚜껑별꽃이 비가 오려고 할 때 꽉 닫힌다는 것을 알고 있다.

어휘 folks 사람들 common-sense 상식적인 maple 단풍나무 curl 돌돌 말다[감다] density 밀도 lichen 이끼 ranch hand 목장[농장] 일꾼 dandelion 민들레 string together 연결시키다 garland 화환, 화관 ornament 장식 scarlet pimpernel 뚜껑별꽃 weather glass 기압계 on the way 다가오는

| 01 | ② | 02 | ④ | 03 | ② | 04 | ③ | 05 | ② |
| 06 | ③ | 07 | ④ | 08 | ② | 09 | ③ | 10 | ③ |

01

정답 ②

해설 헬스장을 계속 이용하기 위해서 카드를 갱신하라고 안내를 받았다는 내용으로 보아 그녀가 사용한 카드는 이미 만료된 상태였음을 알 수 있으므로, 빈칸에 들어갈 말로 가장 적절한 것은 ② 'expired(만료된)'이다.
① 잃어버린 ③ 연장된 ④ 업그레이드된

해석 그녀가 만료된 멤버십 카드로 헬스장에 입장하려고 하자 삐 소리가 났고, 그녀는 시설을 계속 이용하려면 그것을 갱신해야 한다는 안내를 받았다.

어휘 beep 삐 소리 renew 갱신하다 facility 시설

02

정답 ④

해설 'Had + S + p.p.'는 가정법 과거완료에서 if가 생략된 도치 표현으로, 주절의 동사 자리에는 '조동사 과거형 + have p.p.'가 와야 한다. 따라서 빈칸에 들어갈 말로 가장 적절한 것은 ④ 'would have expanded'이다.

해석 경영진이 새로운 전략에 동의했다면 그는 수석 개발자로서의 자신의 역할을 확장했을 것이다.

어휘 management 경영진 strategy 전략, senior 수석의, 상급의

03

정답 ②

해설 (sending → to send) 'forget to RV'는 '~할 것을 잊다'라는 뜻이고, 'forget RVing'는 '~한 것을 잊다'라는 뜻이다. 여기서는 맥락상 그녀가 친구들에게 이메일을 '보낼' 것을 잊은 것이므로 to send가 쓰여야 한다.
① '너무 ~해서 ~하다'라는 뜻의 'so ~ that' 구문이 사용되고 있으며, 타동사인 immerse 뒤에 목적어가 없고 의미상으로도 She가 '몰두시킨' 것이 아니라 '몰두한' 것이므로 수동의 과거분사형 형용사 immersed의 쓰임도 적절하다.
③ '거의'라는 뜻의 부사 almost가 뒤의 부정형용사 all을 수식하고 있는 것은 적절하다. 부사인 almost는 명사구 their friends를 직접 수식할 수 없음에 유의해야 한다.
④ 사역동사 make는 목적어와 목적격 보어의 관계가 능동이면 RV를, 수동이면 p.p.를 목적격 보어로 취한다. 여기서는 them이 가리키는 것이 almost all their friends이고, 친구들이 파티 소식을 '알리는' 것이 아니라 '알게 되는' 것이므로 informed는 적절하게 쓰였다.

해석 그녀는 가장 친한 친구의 깜짝 생일 파티를 준비하는 데 너무 몰두해서 거의 모든 친구에게 초대 이메일을 보내는 것을 완전히 잊어버렸고, 이에 따라 마지막 순간에 그들에게 알리고자 분투했다.

어휘 immerse 몰두시키다 invitation 초대 last-minute 마지막 순간의 struggle 분투

04

정답 ③

해설 가방이 무게 제한을 초과한 상황에서 B가 A에게 빈칸 내용을 언급했다. 이에 A는 요금이 얼마인지 물었으므로, 빈칸에서 B는 추가 요금이 부과될 것이라는 사항을 안내했음을 알 수 있다. 따라서 빈칸에 들어갈 말로 가장 적절한 것은 ③ '추가 요금을 내셔도 괜찮으실까요?'이다.
① 이미 좌석을 예약하셨나요?
② 수하물 찾는 곳이 너무 혼잡합니다.
④ 기내 반입 수하물에서 모든 액체류를 꺼내 주세요.

해석 A: 안녕하세요, 앱을 통해 이미 탑승 수속을 마쳤습니다. 짐만 보내면 됩니다.
B: 안녕하세요. 네, 이 두 가방을 모두 부치시나요?
A: 아니요, 하나만요. 다른 하나는 기내 반입 수하물이에요.
B: 알겠습니다. 부치실 가방을 저울에 올려 주시겠어요?
A: 네.
B: 가방이 무게 제한을 초과한 것 같네요. 추가 요금을 내셔도 괜찮으실까요?
A: 그럼, 요금이 얼마인가요?
B: 10달러입니다.
A: 알겠습니다, 신용카드로 결제할게요.

어휘 check in 탑승 수속을 하다, (짐을) 부치다 carry-on 기내 반입 수하물 fee 요금, 수수료 credit card 신용카드 reserve 예약하다 baggage claim area 수하물 찾는 곳 charge 요금

05

정답 ②

해설 첫 문단에서 모든 서류를 준비하지 못하여 미팅에 차질이 생긴 것에 대해 사과하고 있으므로, 글의 목적으로 가장 적절한 것은 ② '회의 준비가 미흡했던 것을 사과하려고'이다.
① 회의 관련 서류 작성을 요청하려고 → 모든 양식을 준비하지 못한 것에 사과할 뿐, 상대방에게 양식 작성을 요청하고 있지는 않다.
③ 회의를 위해 시간 내준 것에 감사를 전하려고 → '감사'가 아닌 '사과'가 목적인 글이다.
④ 회의 결과에 대한 만족을 표하려고 → 회의 결과에 대해 만족하는 상황이 아니다.

06

정답 ③

해설 맥락상 met은 '충족하다'라는 뜻으로 쓰였으므로, 이와 의미가 가장 가까운 것은 ③ 'fulfilled(충족하다)'이다.
① 합류하다 ② 환영하다 ④ 맞닥뜨리다

05-06

해석 수신: Adrian Murphy <amurphy@blaylock.gov>
발신: Alicia Westman <a_westman@canopy.com>
제목: 오늘 미팅
날짜: 10월 17일

친애하는 Murphy 씨에게,

오늘 아침 미팅에 있어 준비되지 못했던 점에 대해 진심으로 사과드립니다. 지난주에 전화 통화할 때 요청하신 모든 서류를 준비하지 못한 것은 제 잘못이었고, 오늘 시간을 낭비한 것에 대해 유감스럽게 생각합니다.

오늘 오후 내내 필요한 모든 서류를 준비했습니다. 그 서류를 제 변호사에게 보여 줬고, 변호사는 귀하가 말씀하신 요건을 충족했다고 확신시켜 주었습니다.

제 회사 캐노피 인테리어에 관한 사안을 해결할 수 있도록 다시 한 번 미팅을 잡고 싶습니다. 바쁘시고 여유 시간이 한정되어 있다는 것을 이해하지만, 귀하의 일정에 시간을 내는 것이 적합하다고 생각해 주실 수 있으면 합니다. 정말 죄송하게 생각하며 다시는 이와 같은 일이 발생하지 않도록 하겠습니다.

진심을 다하여,

Alicia Westman
캐노피 인테리어

어휘 request 요청하다 regret 유감스럽게 생각하다 attorney 변호사 assure 확언[장담]하다 arrange 마련[주선]하다 concerning ~에 관한 see fit to ~하는 것이 적합하다고 생각하다

07

정답 ③

해설 분리 응축기 특허를 받은 James Watt와 잠열에 대한 연구를 발표한 Joseph Black이 여러 차례에 걸쳐 기술적, 철학적 관심사를 의논하면서 서로 영감을 얻어 함께 발전하게 되었다는 내용의 글이므로, 글의 주제로 가장 적절한 것은 ③ '과학과 기술의 생산적인 협업'이다.
① 잠열을 발견한 것의 의의 → 잠열은 기술과 과학의 협업 사례를 설명하기 위해 언급되었을 뿐, 잠열을 발견한 것이 얼마나 중요한지를 강조하는 글은 아니다.
② 다른 사람보다 먼저 자신의 저작물을 주장해야 할 필요성 → 서로 영감을 얻으며 과학 기술을 발전시켰다는 내용의 글이므로 적절하지 않다.
④ 기초 과학 연구로부터의 기술의 분리 → 오히려 둘의 시너지 효과에 관한 글이므로 반대된다.

해석 18세기 증기 기관 설계에 혁신을 일으킨 분리 응축기는 James Watt에 의해 특허받았다. 그와 거의 동시에, Joseph Black은 잠열에 대한 자신의 연구를 발표했다. 잠열의 개념은 분리 응축기의 작동을 설명한다. Black과 Watt는 친구로, 둘 다 스코틀랜드 계몽주의 시대 에든버러의 시민이었고, 그들은 의심할 여지 없이 여러 차례에 걸쳐 자신들의 기술적, 철학적 관심사를 의논했다. 잠열의 개념과 분리 응축기의 설계는 Black과 Watt가 서로에게서 영감을 얻으면서 아마도 함께 발전했을 것이다. 보통, 과학자와 기술자 모두 새로운 아이디어에 대해 의논해 보면서, 그것이 그럴듯하고 유용해질 때까지 그것을 점진적으로 바꾸고 정교하게 다듬는다. Black과 Watt의 경우에도, 과학이 기술을 낳았다거나 그 반대로도 그랬을 가능성은 거의 없으며, 과학과 기술은 아마도 함께 발전했을 것이다. 그러한 공동 발달, 즉 시너지는 어떤 분야에서든 발전의 특징이며 무한히 계속된다.

어휘 separate 분리된 condenser 응축기 revolutionize 혁신을 일으키다 steam engine 증기 기관 patent 특허를 받다 publish 발표하다 investigation 연구 latent heat 잠열 operation 작동 the Enlightenment (18세기의) 계몽주의 시대 philosophical 철학의 occasion 경우, 때 evolve 발전하다 inspiration 영감 alike 모두, 비슷하게 kick around ~에 대해 논의하다 gradually 점진적으로 alter 바꾸다 elaborate 정교하게 다듬다 plausible 그럴듯한 give rise to ~을 낳다, 일으키다 vice versa 반대의 경우도 마찬가지 typify 특징이다 progress 발전 discipline 분야 indefinitely 무한하게

08

정답 ②

해설 집단으로 일을 하고 평가를 받을 때는 자신이 한 일을 남들이 정확히 알 수 없기 때문에 사회적 태만이 일어난다는 내용의 글이다. 글 중반부의 But 이하에서도 개별 평가가 이뤄졌을 때 사회적 태만이 사라졌다고 했으므로, 앞에 avoided에 유의할 때 빈칸에 들어갈 말로 가장 적절한 것은 ② '한 사람의 일이 식별될 수 있고 평가받을 수 있다'이다.
① 우리의 행동이 세부적으로 기록되지 않는다 → 오히려 세부적으로 기록되지 않을 때 사회적 태만이 일어나는 것이므로 반대된다.
③ 우리가 협동보다는 경쟁 속에 있다 → '경쟁'과 '협동'의 상황을 서로 비교하는 글이 아닐뿐더러, 모두가 기여하는 협동적인 상황보다 경쟁적인 상황에서 사회적 태만을 더 잘 피할 수 있다고 볼 근거는 없다.
④ 사람들이 소규모 집단이 아니라 대규모 집단에서 일한다 → 대규모 집단에서는 개별적인 평가를 하기가 더욱 어려울 것이므로 적절하지 않다.

해석 사회적 태만은 사람들이 혼자 일할 때보다 집단에서 일할 때 노력을 덜 기울이는 현상을 말한다. 사회적 태만이라는 용어를 도입한 보고서에서, 연구자들은 사람들이 더 큰 집단에서 일하고 자신의 성과가 전체 집단으로서 평가되면 자신의 노력을 줄이곤 한다는 것을 발견했다. 그러나 집단에서 개인적 성과가 기록될 때는 사회적 태만이 사라졌는데, 이 패턴은 광범위한 행동에 걸쳐 관찰되었다. 집단을 이루어서 일을 하는 것이 왜 개인의 성과를 감소시키는가? 줄다리기 경기에서, 당신이 가능한 한 열심히 줄을 당기지 않는다 하더라도 누가 알 것이며 누가 신경을 쓰겠는가? 당신은 자신의 기여도를 정확하게 평가할 수 없고 다른 사람들도 당신이 얼마나 잘 수행하고 있는지를 평가할 수 없다. 따라서 <u>한 사람의 일이 식별될 수 있고 평가받을 수 있다</u>면 사회적 태만을 피할 수 있다.

어휘 social loafing 사회적 태만 phenomenon 현상 tug-of-war 줄다리기 assess 평가하다 contribution 기여 in detail 상세하게 identify 식별[확인]하다 evaluate 평가하다 cooperation 협동

09

정답 ③

해설 이 글은 성공하는 사람들의 특징을 서술하고 있다. 주어진 문장의 'also'를 통해 앞서 진술한 내용에 덧붙여 말하는 내용임을 알 수 있다. 또한 주어진 문장의 '운은 해석의 문제'라는 언급은 ③ 뒤에 제시된 사례에 대한 일반적인 서술이므로 주어진 문장이 들어갈 위치로 가장 적절한 것은 ③이다.

해석 성공한 사람들은 종종 "자신의 행운은 자기 스스로 만든다."라고 말하는데 한 연구의 결과는 그 말이 사실임을 시사한다. 만약에 사람들이 자신이 운이 좋다고 믿는다면, 그들은 무언가에 성공할 때까지 계속해서 노력할 가능성이 더 크다. 반면에 자신이 운이 좋지 않다고 생각하는 사람들은 그 반대로 행동한다. 잘 해내지 못할 것임을 '알기에' 그들은 새로운 것을 거의 시도하지 않으며, 따라서 결코 성공할 수 없다. <u>그 연구는 또한 운이란 해석의 문제라는 점을 시사한다.</u> 예를 들어, 실험 대상자 중 한 명이 계단에서 떨어져서 팔이 부러졌을 때 그는 이것이 불운이라고 생각하지 않았다. 반대로, 그는 실제로 아주 운이 좋다고 생각했다. 만약 그가 다른 식으로 떨어졌더라면 목이 부러졌을지도 모른다고 생각했기 때문이다.

어휘 interpretation 해석 be likely to RV ~할 것 같다 on the other hand 반면에 rarely 드물게, 좀처럼 ~않는 subject 피험자 on the contrary 반대로 extremely 매우

10

정답 ③

해설 마지막 3번째 문장에서 연체된 도서는 온라인 연장 서비스를 이용할 수 없다고 언급되므로, 글의 내용과 일치하는 것은 ③ '연체된 도서는 대출자에 의해 온라인으로 연장될 수 없다.'이다.
① 온라인으로 도서를 연장할 수 없다. → 첫 문장에서 이제 온라인으로 대출한 도서를 연장할 수 있다고 언급되므로 옳지 않다.
② 각 도서의 연장 기간은 7일이다. → 6번째 문장에서 연장 기간은 2주라고 언급되므로 옳지 않다.
④ 예약되지 않은 도서의 온라인 연장 횟수는 무제한이다. → 마지막 문장에서 모든 책은 2회까지 연장 가능하다고 했으므로 옳지 않다.

해석 **글렌우드 공공도서관**
이제 글렌우드 공공도서관에서 대출한 도서를 온라인으로 연장할 수 있습니다. 다음의 간단한 단계를 따르세요. 먼저 연장 페이지로 이동하기 위해 여기를 클릭하세요. 고객 ID 번호와 비밀번호를 사용하여 로그인해야 합니다. 그런 다음 연장하려는 책의 제목을 클릭하세요. 책이 자동으로 2주 연장될 것입니다. 연체된 도서와 다른 고객이 예약한 도서는 이 서비스를 이용할 수 없음을 참고하세요. 해당 도서는 도서관에 직접 방문하셔서 반납하셔야 합니다. 모든 도서는 도서관에 반납해야 하기 전까지 각각 최대 2회까지 연장할 수 있습니다.

어휘 renew 연장[갱신]하다 check out (책을) 대출하다 patron 고객 automatically 자동으로 overdue 연체된 reserve 예약하다 utilize 이용하다 up to ~까지

01	③	02	②	03	①	04	①	05	②
06	③	07	④	08	②	09	②	10	③

01

정답 ③

해설 매콤한 소스는 밋밋한 닭고기와 잘 어우러져 균형 잡힌 요리를 완성한다는 문맥이 자연스러우므로, 빈칸에 들어갈 말로 가장 적절한 것은 ③ 'complements(보완하다)'이다.
① 만들다 ② 제거하다 ④ 오염시키다

해석 이 매콤한 살사 소스는 구운 닭고기의 밋밋한 맛을 완벽하게 보완하여 누구나 즐길 수 있는 균형 잡힌 풍미 있는 요리를 완성한다.

어휘 plain 밋밋한 flavorful 풍미 있는 dish 요리

02

정답 ②

해설 (them → whom) 두 개의 절 Among ~ Macklin과 the only ~ fiancé를 연결하는 접속사가 없으므로 접속사 역할을 하는 관계대명사가 필요하다. 따라서 전치사 of의 목적어 자리에 있는 인칭대명사 them을 목적격 관계대명사 whom으로 고쳐야 한다.
① 장소의 부사구 Among her circle of friends가 문두에 위치하여 주어와 동사가 도치된 문장이다. 따라서 문장의 주어는 Kitty, Lana, and Macklin이므로, 복수 동사 are의 수일치는 적절하다.
③ convince는 that절을 직접목적어로 취하는 4형식 동사로 쓰일 수 있는데, 수동태로 전환하면 'be convinced that절' 형태가 된다. 여기서는 주어인 she가 '설득당하고' 있는 것이므로 수동태 진행형 is being convinced의 쓰임은 적절하다.
④ had better는 '~하는 편이 낫다'라는 뜻의 구조동사로 뒤에 원형부정사가 와야 하는데, 부정형은 'had better not RV'의 형태로 쓴다. 참고로 여기서 marry는 자동사로 쓰이고 있다.

해석 그녀의 친구 무리 중에는 Kitty, Lana, Macklin이 있으며, 그중 유일한 남자가 그녀의 약혼자이지만, 그녀는 나머지 두 사람에게 그들이 결혼하지 않는 것이 좋겠다고 설득당하고 있다.

어휘 circle 그룹, 무리 fiancé 약혼자 convince 설득시키다, 확신시키다

03

정답 ①

해설 B의 빈칸 물음에 A는 설문 조사에 참여하여 응답자 중에서 무작위로 선정되었다며 자신이 어떻게 시민 대표로 토론에 참석하게 되었는지 설명하고 있다. 따라서 빈칸에 들어갈 말로 가장 적절한 것은 ① '어떻게 선정된 거야'이다.
② 토론이 텔레비전으로 방송되니
③ 시장 선거에 출마한 기분이 어떠신가요
④ 대표들은 어떤 책임이 있는 거야

해석 A: 그거 알아? 내가 시장 후보들 간의 생방송 토론에 참여하는 데 선정되었어!
B: 정말? 멋지다! 거기서 뭘 하는 거야?
A: 난 시민 대표로 참석할 예정이야.
B: 중요한 일 같네. 어떻게 선정된 거야?
A: 시민 참여 설문 조사에 참여했는데, 응답자 중에서 무작위로 선정되었어.
B: 정말 흥미롭다. 좋은 기회일 것 같아.

어휘 attend 참석하다 mayoral 시장의 candidate 후보 representative 대표 fill out ~을 작성하다 civic 시민의 engagement 참여 respondent 응답자 run for ~에 출마하다 responsible 책임 있는

04

정답 ①

해설 신임 부사장에 관한 대화를 나누는 상황에서 Joseph이 빈칸 내용을 언급하자 Karen은 그의 배경에 관해 설명하였다. 따라서 빈칸에 들어갈 말로 가장 적절한 것은 ① '그의 배경에 대해 아는 게 있으신가요'이다.
② 마케팅 부서에 대한 그의 계획은 무엇인가요
③ 그가 부사장으로 얼마나 오래 재직할지 알고 있나요
④ 전 상사를 위한 송별 파티를 여나요

해석 Joseph: 궁금한 게 있는데요. 새 마케팅 부사장은 언제부터 시작하나요?
Karen: 그는 다음 주 월요일부터 시작해요. 오후에 소개 회의가 있을 예정이에요.
Joseph: 그렇군요. 그의 배경에 대해 아는 게 있으신가요?
Karen: 그는 업계에서 15년이 넘는 경력을 쌓았고 이전에는 대형 광고 회사에서 근무했어요.
Joseph: 저희와 잘 맞는 것 같네요. 그가 오는 것에 대비해서 저희가 뭘 해야 할 게 있나요?
Karen: 회의 안건만 검토하시면 됩니다.
Joseph: 알겠습니다, 그럴게요.

어휘 vice president 부사장 introductory 소개용의 industry 업계 advertising 광고(업) fit 어울림, (들어)맞음 agenda 안건 department 부서 throw a party 파티를 열다 farewell 작별 former 전임의

05

정답 ②

해설 커뮤니티 센터에서 웨스트사이드 지역 거주자에게 무료 치과 검진을 실시한다는 내용의 글이다. 따라서 글의 제목으로 가장 적절한 것은 ② '무료로 치아 검진을 받으세요'이다.
① 마을에 새로운 치과가 문을 열다 → 새로운 치과가 개원했음을 알리는 글이 아니다.
③ 건강한 치아 유지에 관한 세미나 → 세미나를 홍보하는 글이 아니다.
④ 할인된 가격의 전신 검진 → 할인된 가격이 아닌 '무료' 검진이며, 전신이 아닌 '치아' 검진이다.

06

정답 ③

해설 글 후반부에서 8세 이하 어린이는 법적 보호자와 동행해야 한다고 언급되므로, 보호자가 있는 경우에는 검진을 받을 수 있는 것을 알 수 있다. 따라서 글의 내용과 일치하지 않는 것은 ③ '검진은 성인만 받을 수 있다.'이다.
① 이 행사는 커뮤니티 센터에서 진행될 예정이다. → 글 초반부에서 언급된 내용이다.
② 치과용품이 사람들에게 제공될 것이다. → 글 중반부에서 언급된 내용이다.
④ 이 행사에 참석하는 사람들은 돈을 기부할 수 있다. → 글 후반부에서 언급된 내용이다.

05-06

해석

무료로 치아 검진을 받으세요

웨스트사이드 지역 거주자라면 누구나 이번 일요일 8월 18일에 마블 길 98번지에 위치한 웨스트사이드 커뮤니티 센터에서 무료 치과 검진을 받을 수 있습니다.

스마일 치과와 닥터 웨스트 치과의 치과 의사가 현장에서 주민들의 치아를 검진할 예정입니다. 그들은 또한 무료 칫솔과 치약을 제공하고 치아 건강에 대한 조언도 제공할 예정입니다. 그들은 추가 치과 치료가 필요한 분들을 위해 예약을 받을 수도 있습니다.

검진은 선착순으로 진행됩니다. 이 서비스를 이용하고자 하는 모든 사람은 거주 증명서를 제시해야 합니다. 8세 이하의 어린이는 반드시 법적 보호자와 동행해야 합니다.

검진은 오전 9시에 시작됩니다. 검진은 하루 종일 진행되며 오후 5시에 종료됩니다. 이 서비스의 비용은 무료이지만 기부금은 기쁘게 받겠습니다.

어휘 resident 주민 eligible ~할 자격이 있는 complimentary 무료의 dental checkup 치아 검진 on site 현장에서 examine 검사하다 arrange 마련하다 reservation 예약 first-come, first served 선착순으로 avail oneself of ~을 이용하다 accompany 동행하다 legal guardian 법적 보호자 charge 비용

07

정답 ④

해설 유머는 그것을 공유하는 사람들을 통합하는 동시에 그렇지 못하는 사람들 사이를 뚜렷하게 구분 짓는 역할을 하는 양면성을 지닌다는 내용의 글이다. 따라서 글의 요지로 가장 적절한 것은 ④ '유머는 통합과 차별화 기능을 모두 수행한다.'이다.
① 유머 감각은 연습을 통해 기를 수 있다. → 유머 감각을 어떻게 기르는지 설명하는 글이 아니다.
② 사회적 합의는 유머를 재미있고 의미 있게 만든다. → 글의 소재는 '사회적 합의'가 아닌 '유머'의 기능이며, 그중에서도 유머의 양면성을 서술하는 글이므로 유머를 긍정적으로만 기술한 내용은 정답이 될 수 없다.
③ 유머를 만들어 내는 것은 유사점이 아니라 차이점이다. → '유머'가 '공통점과 차이점'을 낳는 것이므로 순서가 뒤바뀌었으며 그 내용도 적절하지 않다.

해석 유머가 하나의 핵심적인 의사소통 도구로서 인간의 창의성을 발휘할지라도, 그것이 일률적으로 긍정적인 경험은 아니다. 유머는 관계에 대한 이해와 자신감을 형성할 수 있지만, 그것은 또한 의견 차이나 불화를 극적으로 나타낼 수도 있다. 유머는 집단을 빠르게 통합하고 분열을 통렬하게 드러낸다. 공유된 유머는 또한 그것을 공유하는 사람들을, 조롱당하거나 사회적 각본의 '위반'을 저지른 것으로 여겨지는 사람들로부터 떼어 놓을 수 있다. 유머는 공유된 의미를 통해 소통하는 사람들을 통합하지만, 또한 누가 집단의 일원이고 누가 아닌지를 식별함으로써 사회적 분열을 나타낼 수도 있다. '함께' 웃는 것과 '(누군가를) 향해' 웃는 것의 차이는 유머의 의사소통 효과를 이해하는 데 매우 중요한 것으로 나타난다.

어휘 uniformly 일률적으로, 한결같이 indicate 나타내다 discord 불화 reveal 드러내다 division 분열 distance 멀리 떨어지게 하다 mock 조롱하다 commit 범하다 violation 위반 indicate 나타내다 identify 식별하다 distinction 차이 emerge 드러나다 crucial 중대한 cultivate 함양하다 consensus 합의 integrate 통합하다 differentiate 구분 짓다

08

②

해설 이 글은 대중음악의 사례를 들어 많은 창의적인 작업이 사실은 제약으로부터 비롯되는 것임을 보여 주고 있다. 따라서 빈칸에 들어갈 말로 가장 적절한 것은 ② '우리의 가장 훌륭한 창작물의 씨앗'이다.
① 위험을 감수하는 것에 대한 저항 → '위험을 감수하는 것'을 '규칙을 어기는 것'으로 본다고 하더라도, 글에서 이것은 애초에 제약이 있었기 때문에 가능한 것이라고 하였다. 따라서 '저항'과 같은 부정의 표현은 적합하지 않다.
③ 우리 미래의 성공을 가로막는 장애 → 오히려 창의적인 작업을 가능하게 해주므로 반대된다.
④ 음악 교육을 위한 디딤돌 → 음악 교육은 글의 소재와 관련 없는 내용이다.

해석 제약은 내재되어 눈에 보이지 않기 때문에, 우리는 얼마나 많은 창의적인 작업이 제약의 이점을 누리는지 알아차리지 못하는 경향이 있다. 예를 들어, 거의 모든 대중음악은 첫 박자가 대개 강조되는, 한 마디에 네 개의 박자가 있는 4/4 박자이다. 곡은 보통 길이가 3분이나 4분이고, 후렴구를 포함한다는 것 등등이다. 이것들은 대중음악이 따르는 많은 것 중에서 단지 몇 가지 제약일 뿐이지만, 이를 통해 얻을 수 있는 변주를 보라. 많은 노래가 이러한 규칙들을 어기지만, 그것들은 흔히 애초에 어길 수 있는 규칙이 있기 때문에 그것들의 효과를 얻는 것이다. 화가, 작가, 예술가 등은 모두 다양한 정도로 이전 양식에 영향을 받으며, 제약을 제공하는 것이 바로 이러한 이전 양식이다. 우리가 우리 자신에게 부과하는 바로 그 제약은 우리의 가장 훌륭한 창작물의 씨앗이 될 수 있다.

어휘 constraint 제약 built in 내장된, 본래 갖추어진 invisible 보이지 않는 time 박자 bar (악보의) 마디 track 곡 chorus 후렴 variation 변주 previous 이전의 limitation 제약 impose 부과하다 resistance 저항 stepping stone 디딤돌, 발판

09

②

해설 주어진 글은 30년 전 중국과 인도의 빈곤한 경제 상황을 언급하는 내용으로, 뒤에는 이를 so little spending power로 일컬으며, 이 때문에 세계 경제 성장에 한계가 있었다는 내용의 (B)가 오는 것이 자연스럽다. 이어 역접의 연결사 however로 맥락이 전환되어 오늘날 중국과 인도의 경제력이 상승했다는 내용의 (A)가 나오고, 그에 대한 예시로 작년에 중국인들과 인도인들이 미국인들보다 많은 승용차를 구매했다고 설명하는 (C)가 와야 한다. 따라서 글의 순서로 가장 적절한 것은 ② '(B) - (A) - (C)'이다.

해석 30년 전에 중국이나 인도의 보통 사람은 기본적인 음식과 여타의 단순한 생필품 이외에 거의 아무것도 살 여유가 없었다. 그러한 빈곤은 우리 모두의 문제였다. (B) 개발도상국에는 구매력이 거의 없었기 때문에, 세계 경제는 오직 소수의 부유한 국가들에만 의존했다. 그래서 세계 경제의 성장은 한계에 다다른 것처럼 보였다. (A) 하지만, 오늘날 중국과 인도가 세계 경제의 새로운 성장의 원천이 되었다. 이제는 수억 명의 중국인들과 인도인들이 비싼 소비재를 구입하는 데 많은 돈을 쓸 수 있다. (C) 예를 들어, 작년에 중국인들과 인도인들은 미국인들이 구입한 것보다 70% 더 많은 1,990만 대의 새 승용차를 구입했다. 그와 같은 소비재의 구입은 그 제품들을 제조하는 기계류, 그것들을 운반하는 배와 트럭, 그리고 그것들을 디자인하고 판매하는 사람들에 대한 수요를 증가시킨다.

어휘 necessity 필수품 poverty 가난, 빈곤 developing world 개발도상국 a handful of 소수의 passenger vehicle 승용차 machinery 기계류 transport 운반하다

10

③

해설 이 글은 슈퍼마켓의 입구에 빵집을 두거나 인공적으로 빵 냄새가 나게 하여 판매를 증가시키는 전략을 설명하는 글이다. 따라서 글의 흐름상 어색한 문장은 빵의 맛이 첨가물로 인해 변할 수 있다는 내용의 ③이다.

해석 왜 대부분의 오늘날 슈퍼마켓이 이제 가게 입구와 그토록 가까운 곳에 빵집을 두는지 알고 있는가? 매장 관리자는 갓 구운 빵 냄새가 당신의 코를 공격해 당신이 당신의 쇼핑 목록을 던져버리고 사기로 계획하지 않았던 식품을 집어 들기 시작할 수 있는 정도에 이르기까지 배고프게 만든다는 것을 알고 있다. 실제로, 빵 굽는 냄새가 많은 상품 종류에 걸쳐서 판매를 증가시키는 데 유익한 작용을 한다는 것이 입증되었다. (또한 빵 맛은 단지 다양한 풍미의 푸딩을 사용하고 다양한 재료를 첨가함으로써 변할 수 있다는 점도 기억해야 한다.) 일부 북유럽의 슈퍼마켓들은 실제 빵집을 두는 것에는 신경 쓰지도 않는다. 그들은 그저 인공적인 갓 구운 빵 냄새를 천장에 있는 환기구로부터 매장 통로에 곧바로 뿜어 넣는다.

어휘 fragrance 향기 discard 버리다 profitable 수익성이 있는 ingredient 재료[성분] artificial 인공[인조]의 aisle 통로 vent 환기구, 배기구

01	③	02	①	03	①	04	④	05	①
06	②	07	④	08	①	09	③	10	③

01

정답 ③

해설 그녀가 제안에 관심 있는지를 판단하기 어려웠다는 말로 보아, 그녀는 긍정적이지도 부정적이지도 않은 모호한 반응을 보였을 것으로 추측할 수 있다. 따라서 빈칸에 들어갈 말로 가장 적절한 것은 ③ 'ambiguous(모호한)'이다.
① 예상되는 ② 부정적인 ④ 간단한

해석 그녀의 반응은 <u>모호해서</u> 그녀가 그 제안에 관심이 있는지를 판단하기 어려웠다.

어휘 determine 판단하다

02

정답 ①

해설 문맥상 when이 이끄는 절은 the exact closing date를 수식하는 형용사절이 아니라 시간 부사절이며, 시간 부사절에서는 현재시제가 미래시제를 대신한다. 참고로 announcement와 it 사이에는 목적격 관계대명사가 생략되어 있어, 과거 시점 부사구 last night는 관계사절 내의 시제에만 영향을 준다. 따라서 빈칸에 들어갈 말로 가장 적절한 것은 ① 'look at'이다.

해석 지원자들은 어젯밤에 사무실에서 게시한 공고문을 보면 정확한 (지원) 마감일을 그곳에 문의할 것이다.

어휘 applicant 지원자 announcement 공고 post 게시하다

03

정답 ①

해설 (vary → varies) in which ~ progress는 관계사절이고, 문장의 주어는 단수 명사인 The format이므로, 동사도 그에 수일치하여 단수 동사 varies로 쓰여야 한다.
② treated는 problem을 수식하는 분사로, 문제가 '치료하는' 것이 아니라 '치료되는' 것이므로 수동의 과거분사는 적절하게 쓰였다.
③ 부대 상황을 나타내는 'with + O + OC'의 분사구문이 사용되었는데, 타동사로 쓰인 explain 뒤에 의문부사 how가 이끄는 명사구가 목적어로 있고 의미상으로도 치료사가 방법을 '설명하는' 것이므로 능동의 현재분사 explaining의 쓰임은 적절하다.
④ 'spend + 시간 + (in) RVing'는 '시간을 ~하는 데 쓰다'라는 뜻의 구문으로, 여기서는 시간이 주어가 되는 수동태로 전환되어 '시간 be spent (in) RVing' 형태가 되었다.

해석 인지 행동 치료 세션이 진행되는 형식은 치료 대상 문제의 유형에 따라 크게 달라진다. 초기 세션에서는 흔히 치료사가 특정 기법을 사용하는 방법을 설명하면서 더 교육적인 반면, 이후 세션에서는 새로운 전략을 적용하는 데 더 많은 시간이 든다.

어휘 cognitive 인지의 progress 진행되다 instructional 교육의 strategy 전략

04

정답 ④

해설 빈칸 뒤에서 B가 확인을 한 뒤에 최종본이 아닌 초안을 보냈다고 말하며 사과하고 있으므로, 재무팀에 잘못된 파일을 전달했음을 알 수 있다. 따라서 빈칸에 들어갈 말로 가장 적절한 것은 ④ '그들이 잘못된 파일을 받은 것 같아요'이다.
① 그들이 빠른 업데이트에 대해 당신에게 감사를 전하고 싶다고 하네요
② 그들이 새로운 프로젝트에 대한 우리의 도움을 요청했어요
③ 그들은 아직 예산을 정하지 못했어요

해석 A: Mark, 우리 팀의 추정 예산을 재무팀에 보낸 사람이 당신이죠?
B: 네, 제가 어제 보냈습니다. 무슨 문제가 있나요?
A: <u>그들이 잘못된 파일을 받은 것 같아요.</u>
B: 확인해 보겠습니다... 아, 맞아요. 제가 최종본이 아닌 초안을 보냈네요. 죄송합니다. 다시 이메일을 보내겠습니다.
A: 알았어요. 다음에는 보내는 것을 재확인하는 걸 기억해 주세요.

어휘 project 추정[예상]하다 budget 예산, 예산안 finance 재무 rough draft 초안 finalize 마무리 짓다 double-check 재확인하다 assistance 도움 figure out 계산하다, 산출하다

05

①

해설 첫 문장에서 소기업 대출을 받고 싶지만 더 많은 자료가 필요하다는 점을 말했으므로, 글의 목적으로 가장 적절한 것은 ① '대출에 관한 추가 정보를 요청하려고'이다.
② 대출 신청을 거절하려고 → 필자는 대출 신청을 승인하거나 거절하는 주체가 아니므로 적절하지 않다.
③ 장학금 프로그램을 신청하려고
④ 재정 보조금 인상을 요구하려고 → 글에서 보조금에 관한 내용은 언급되지 않았다.

06

정답 ②

해설 맥락상 terms는 '조건'이라는 뜻으로 쓰였으므로, 이와 의미가 가장 가까운 것은 ② 'conditions(조건)'이다.
① 기간 ③ 표현 ④ 관계

05-06

해석 수신: information.cityservices@westlake.gov
발신: irenedavenport@trumont.com
제목: 금융 서비스 프로그램
날짜: 5월 4일

관계자분께,

저는 웨스트 레이크 시에서 도입한 새로운 금융 서비스 프로그램과 관련하여 이 글을 씁니다. 제 사업을 위해 시에서 소기업 대출을 받고 싶지만, 더 많은 자료가 필요합니다.

저는 48 브로드뷰 로드에 위치한 금융 컨설팅 회사인 트루몬트의 소유주입니다. 저는 최근 사업이 호전되고 있어 회사 규모를 확장하고자 합니다. 이를 위해 제공되는 저금리 대출 중 하나를 이용하고 싶습니다.

아쉽게도 시 웹사이트에 설명된, 대출을 받는 데 필요한 조건이 불분명합니다. 누군가 이메일이나 직접 제가 드린 관련 질문에 대한 답변을 해줄 수 있는지 궁금합니다. 가능한 한 빨리 연락 주시기 바랍니다.

안부를 전하며,

Irene Davenport
트루몬트 소유주

어휘 with regard to ~에 관하여 expand 확장하다 take advantage of ~을 이용하다 interest 금리 loan 대출 obtain 얻다

07

정답 ④

해설 72명의 새 회계 감사관들을 대상으로 한 연구에서, 큰 잠재력이 있으며 경영진이 성공에 대한 기대감이 크다는 격려를 받은 감사관들이 그렇지 않은 통제 집단의 감사관들과 비교하여 더 높은 성과 등급을 받았다는 내용의 글이므로, 글의 제목으로 가장 적절한 것은 ④ '잠재력 성취를 돕는 격려의 힘'이다.
① 치열한 경쟁은 사람들을 생산적으로 만든다 → 감사관들이 치열한 경쟁을 뚫고 선발된 사람들이라고 말한 것은 격려의 표현에 불과하다. 이 글은 '경쟁'과 '생산성'의 관계에 관한 것이 아니라, '격려'와 '생산성'의 관계에 관한 것이다.
② 지능 검사 성적은 우리에게 유용한 것 그 무엇도 말해주지 않는다 → 마지막 문장에서 회계사의 지능 검사 성적과 대학 성적을 통제했다는 내용이 언급되나, 이는 격려의 힘을 부각하기 위할 뿐, 이 글의 핵심과는 거리가 멀다.
③ 만족감이 클수록, 성과가 더 크다 → '만족감'이 아닌 '격려'가 성과에 미치는 영향에 관한 글이다.

해석 몇 년 전, 72명의 새로운 회계 감사관들이 한 회계법인에 입사했다. 수석 연구원이자 이 분야의 저명한 인물이었던 McNatt은 무작위로 배정된 감사관 중 절반을 만나 그들이 치열한 선발 과정을 거쳐 채용되었다는 사실을 알렸다. 또한 그는 경영진이 이들의 성공에 큰 기대를 걸고 있으며, 이들은 어려움을 극복하고 성공할 수 있는 능력을 갖추고 있다고 말했다. 3주 후, McNatt은 그들에게 이 메시지를 강조하는 편지를 보냈다. 한 달 내에, McNatt의 메시지를 받은 회계 감사관들은 McNatt을 만난 적이 없거나 그에게서 편지를 받지 못했던 통제 집단의 회계 감사관들보다 더 높은 성과 등급을 받았다. 이것은 회계 감사관의 지능 검사 성적과 대학 성적을 통제한 후에도 마찬가지였다.

어휘 auditor 회계 감사관 accounting 회계(학) prominent 저명한 figure 인물 assign 배정하다 randomly 무작위로 competitive 치열한 management 경영(진) reinforce 강화하다 rating 등급, 평가 control group 통제집단(동일 실험에서 실험 요건을 가하지 않은 집단) intelligence 지능 fierce 격렬한, 맹렬한 encouragement 격려

08

정답 ①

해설 이 글은 사람들이 선택지를 버리는 과정에서 이전에는 덜 선호했던 선택지에 집중하게 되어 오히려 그것의 장점을 발견하게 된다는 내용이다. 이에 따라 결국 기존에 덜 선호했던 선택지를 택하게 된다는 점을 한 예시를 통해 설명하고 있다. 따라서 빈칸에 들어갈 말로 가장 적절한 것은 ① '선호를 뒤바꾸다'이다.
② 기존의 생각을 굳히다 → 오히려 기존의 생각을 뒤바꾸게 되는 것이므로 반대된다.
③ 사회적 규범에 의해 덜 영향받다 → 사회적 규범에 관한 내용의 글이 아니다.
④ 마지막 선택에 더 많은 돈을 쓰다 → 선택지를 버리라는 말을 들을 때 오히려 그 선택지에 아쉬움을 느껴 그 선택지를 더 선호하게 된다는 내용의 글로, 이에 더 많은 돈을 쓰게 된다는 내용은 언급된 바 없다.

해석 사람들은 대안들 중에서 선택하거나 특정한 선택지를 버림으로써 구매 의사 결정을 한다. 하지만『소비자 연구 저널』에서의 새로운 연구는 한 가지 선택지를 버리는 데 초점을 맞추는 것이 소비자들로 하여금 그들의 선호를 뒤바꾸게 한다는 것을 발견했다. 이것은 왜 일어나는 것일까? 소비자들이 선택지를 버릴 때, 그들은 원하지 않는 대안이 어느 것인지 결정할 필요가 있고, 그래서 그들은 그러한 선택지들을 버려야 하는지를 평가하기 위해 덜 선호되는 선택지에 집중하게 된다. 집중에 있어 이러한 변화는 그들로 하여금 처음에는 덜 선호되었던 선택지의 매력적인 특징에 더 주목하게 한다. 예를 들어, 한 신혼부부는 지하철역에서 더 가까운 아파트와 역에서 더 먼, 덜 비싼 아파트 중 '버릴' 아파트를 고르라는 말을 들었다. 그들은 처음에는 전자를 선호했지만, 단순히 '버릴' 아파트를 결정하라고 지시한 것이 그들이 더 저렴한 아파트를 거주지로 선택할 가능성을 높였다. 이와 유사하게, 덜 비싼 아파트를 선호한다고 말했던 사람들은 역에 가까운 아파트를 선택했다.

어휘 purchase 구매하다 alternative 대안 reject 거부하다, 버리다 assess 평가하다 appealing 매력적인 initially 처음에 instruct 지시하다 reverse 뒤집다 preference 선호 solidify 굳히다 norm 규범

09

정답 ③

해설 주어진 문장은 대조의 연결사 In contrast로 시작하여 청결함에 관해 융통성 없이 완벽주의적인 생각을 하는 사람의 성향에 대해 말하고 있다. 이때 ③ 앞에서는 청결함에 대해 유연한 기준을 가진 사람들에 관해 이야기하는데, ③ 뒤에서는 청결함에 있어 완벽주의적인 믿음을 가진 사람들이 예시로 나오므로 맥락상 단절이 생긴다. 이때 주어진 문장이 ③에 들어가, In contrast를 통해 완벽주의적인 사람이 소개되며, ③ 뒤의 내용이 그에 관한 예시로 자연스럽게 이어져야 한다. 따라서 주어진 문장이 들어갈 위치로 가장 적절한 것은 ③이다.

해석 대부분의 사람에게, 청결함의 기준은 거의 노력하지 않고서도 충족될 수 있는 방식으로 정의되며, 그들에게 청결함을 유지하는 것은 손해보다 이점이 더 많다. 예를 들어, 최소한의 노력으로 청결함을 유지하는 것은 다른 사람들이 당신과 시간을 보내고 싶어 할 가능성을 더 높여 준다. 대부분의 사람은 또한 청결함에 관한 자신들의 기준에 대해 유연할 수 있다. 외과 의사들은 그 기준을 높여 수술하기 전에 더 주의 깊게 자기 손을 씻을 수도 있는 반면에 야생 지역에서 캠핑하고 있는 사람들은 자신들의 기준을 낮춰 덜 청결한 것을 견딜 수도 있다. 이와 대조적으로 청결함에 관해 완벽주의적인 생각을 하는 사람은 부정확하고 융통성이 없고 이롭기보다는 해로운 과도한 믿음을 가지고 있을 수 있다. 예를 들어, 매일 수백 번 손을 씻는 몇몇 사람들이 있다. 이렇게 반복적인 씻기는 세균, 독소, 그리고 여타 물질로부터의 오염을 피하는 것에 관한 완벽주의적인 믿음에 의해 촉발될 수 있다.

어휘 perfectionistic 완벽주의적인 excessive 지나친, 과도한 inflexible 융통성[유연성]이 없는 standard 기준 minimal 최소의 regarding ~에 관하여 surgeon 외과 의사 tolerate 참다, 견디다 trigger 촉발하다 contamination 오염 germ 세균

10

정답 ③

해설 마지막 2번째 문장에서 머튼은 선호도가 낮기 때문에 미국에서 판매되는 대부분의 양고기는 램에서 나온다고 언급되므로, 글의 내용과 일치하지 않는 것은 ③ '대부분의 미국인들은 고기용으로 램보다 머튼을 선호한다.'이다.
① 램과 머튼을 구별하는 주요 기준은 나이이다. → 2번째 문장에서 언급된 내용이다.
② 머튼의 지방 함량은 램의 지방 함량보다 더 높다. → 4, 5번째 문장에서 램은 지방이 거의 없는 반면 머튼은 상당한 지방량이 있다고 언급되므로 옳은 선지이다.
④ 스프링 램은 일반적인 램보다 풍미가 더 부드럽다. → 마지막 문장에서 언급된 내용이다.

해석 당신은 둘 다 사육되는 양이니 램과 머튼은 같은 것에 대한 다른 이름일 뿐이라고 생각하고 있을지도 모른다. 하지만, 그것들은 주로 나이에서 뚜렷한 차이를 가지고 있다. 램은 일반적으로 생후 1년 미만의 양을 가리키며, 머튼은 생후 1년을 넘은 양을 가리킨다. 또한, 램은 지방이 거의 없고, 고기는 연분홍색에서 옅은 붉은색까지 다양한 색을 띤다. 반면 머튼은 강한 붉은색을 띠며 상당한 양의 지방을 함유한다. 머튼은 풍미가 강하고 식감이 질겨 선호도가 낮기 때문에 미국에서 양고기는 대부분 램에서 나온다. 특히 스프링 램이라고 알려진 생후 3개월 미만의 양은 일반적으로 더 나이가 있는 램에 비해 매우 부드럽고 풍미가 부드러워 아주 선호도가 높다.

어휘 lamb (새끼 양의) 양고기 mutton (다 자란 양의) 양고기 domestic 사육되는 distinct 뚜렷한 typically 보통 tender 연한 pale 옅은 intense 강렬한 considerable 상당한 mild 풍미가 부드러운[순한] criterion 기준(pl. criteria) distinguish 구별하다

| 01 | ② | 02 | ② | 03 | ③ | 04 | ③ | 05 | ③ |
| 06 | ③ | 07 | ④ | 08 | ① | 09 | ② | 10 | ④ |

01

정답 ②

해설 수업 일정이 지연되어 대체할 사람을 구해야 했다는 것을 미루어 보아, 교사는 예고 없이 결근했을 것을 추측할 수 있다. 따라서 빈칸에 들어갈 말로 가장 적절한 것은 ② 'absence(부재, 결근)'이다.
① 기간 ③ 지도 ④ 기대

해석 교사의 예고 없는 결근으로 인해 수업 일정이 지연되었고, 학교 행정부는 하루 동안 교사를 대신할 대체 교사를 재빨리 찾아야 했다.

어휘 unannounced 미리 알리지 않은 administration 행정부 substitute 대신하는 사람 cover 대신하다

02

정답 ②

해설 다리를 보수하거나 이용을 제한하지 않아 결국 사고가 났다는 말을 보아, 그 다리는 취약한 상태였음을 알 수 있다. 이때 빈칸 앞에 far from이 오고 있으므로, 빈칸에는 이와 반대되는 표현, 즉 안정성과 관련된 표현이 와야 한다. 따라서 빈칸에 들어갈 말로 가장 적절한 것은 ② 'stable(안정된)'이다.
① 취약한 ③ 실현 가능한 ④ 필수적인

해석 그 다리는 안정된 것과 거리가 먼 것으로 알려져 있었지만, 당국은 이를 보수하거나 이용을 제한하지 않아 결국 끔찍한 사고가 일어났다.

어휘 authorities 당국 restrict 제한하다

03

정답 ③

해설 (that → where 또는 on which) 명사 a hill을 선행사로 받는 관계대명사 that 뒤에는 불완전한 절이 와야 하는데, 여기서는 완전한 절이 오고 있다. 따라서 장소 명사를 선행사로 받으면서 완전한 절을 이끌 수 있는 관계부사 where나 '전치사 + 관계대명사'인 on which를 써야 한다.
① originally known ~ Liverpool Football Club은 Anfield Stadium을 수식하는 분사구인데, Anfield Stadium이 두 FC의 홈구장으로 '알려진' 것이므로 수동의 과거분사 known의 쓰임은 적절하다.
② 문장의 주어는 단수 명사인 Anfield Stadium이므로 그에 수일치한 단수 동사 has는 적절하게 쓰였다.
④ 앞의 절을 선행사로 받는 주격 관계대명사 which가 ,(콤마) 다음에 계속적 용법으로 쓰이면서 주어가 없는 불완전한 절을 이끌고 있는 것은 적절하다.

해석 원래 에버튼 FC의 홈구장이었다가 지금은 리버풀 FC의 역사적인 홈구장으로 알려진 Anfield Stadium에는 남아프리카 전쟁 중의 한 유명한 전투가 벌어진 언덕을 닮아서 Spion Kop이라는 이름이 붙은 테라스 관람석이 있는데, 이로 인해 리버풀 팬들에게 'Kopites'라는 별명이 붙게 되었다.

어휘 terrace 테라스, 계단식 관람석 grandstand (야외 경기장의 지붕이 있는) 관람석 nickname 별명

04

정답 ③

해설 빈칸 내용을 들은 Michelle은 John에게 왜 망설이는지 물었고, John은 그 이유를 설명했으므로 John은 K-패스를 발급받을지 고민 중이었던 것을 알 수 있다. 따라서 빈칸에 들어갈 말로 가장 적절한 것은 ③ '난 발급받을지 고민 중이야.'이다.
① 내가 사는 지역에서는 그것을 사용할 수 없어.
② K-패스에는 많은 혜택이 있어.
④ 그것에는 연회비가 필요하니?

해석 John: Michelle, K-패스에 대해 들어 봤어?
Michelle: 응, 내가 사용하고 있어.
John: 난 발급받을지 고민 중이야.
Michelle: 왜 망설이는 거야?
John: 비용적인 면에서 효율적이라는 걸 알지만 내가 대중교통을 그렇게 자주 이용하지는 않아서. 최소 이용에는 캐시백을 제공하지 않잖아?
Michelle: 그렇긴 하지만 연회비가 없는 카드도 있으니 발급받는 것도 나쁘지 않아. 게다가 대중교통을 더 많이 이용해야 할 때도 있을 테니까.
John: 네 말이 맞네. 조언 고마워.

어휘 unsure 확신하지 못하는 cost-effective 비용 효율적인 public transportation 대중교통 minimal 최소의, 최저의 annual membership fee 연회비 debate 곰곰이 생각하다, 숙고하다

05

정답 ③

해설 지저분해진 밀포드 공원을 청소할 자원봉사자를 모집하는 글이므로, 글의 제목으로 가장 적절한 것은 ③ '밀포드 공원을 아름답게 유지하기 위해 봉사하세요'이다.
① 밀포드가 새로운 도시공원을 건설하다
② 활동적으로 지내세요: 공원에서 저희와 함께 운동하세요
④ 공원에서 최고의 밀포드 음식을 맛보세요 → 마지막 문단에서 야외 식사가 제공된다고 언급되나, 이를 최고의 밀포드 음식이라고 볼 수 없으며 글의 주요 소재도 아니므로 적절하지 않다.

06

정답 ③

해설 글 중반부에서 등록을 완료하기 위해 몇 가지 기본 개인 정보를 요청받을 것이라고 언급되므로, 글의 내용과 일치하지 않는 것은 ③ '참가 신청 시 개인 정보는 불필요하다.'이다.
① 이번 주 토요일에 진행된다. → 글 초반부에서 언급된 내용이다.
② 참가를 신청하려면 구청에 전화해야 한다. → 글 중반부에서 언급된 내용이다.
④ 행사 마지막에 식사가 무료로 제공된다. → 글 후반부에서 언급된 내용이다.

해석 **밀포드 공원을 아름답게 유지하기 위해 봉사하세요**

밀포드는 여러분의 도움이 필요합니다. 밀포드의 5개 도시공원은 매우 인기가 많지만, 모든 사람이 뒷정리를 하는 것은 아닙니다. 그로 인해 공원이 지저분해져 상당히 많은 청소가 필요한 상황입니다.

그래서 이번 9월 3일 토요일에 'Milford Parks Day'를 개최합니다. 저희는 공원 청소 과정을 도와주실 자원봉사자가 필요합니다.

신청 방법: (555) 432-4340으로 밀포드 구청에 전화하여 어느 공원을 언제 방문할지 알려주세요. 등록을 완료하기 위해 몇 가지 기본 개인 정보가 요구될 것입니다.

할 일: 선택하신 시간에 공원에 오시면 자원봉사자 팀에 배정될 것입니다. 모든 참가자는 작업용 장갑과 쓰레기를 담을 봉투를 제공받을 것입니다.

행사 마지막에는 모든 자원봉사자를 위한 무료 야외 식사가 제공됩니다. 청소와 야외 식사는 우천 시 연기됩니다.

어휘 incredibly 굉장히 messy 지저분한 assist 돕다 select 선택하다 assign 배정하다 trash 쓰레기 cookout 야외 식사 postpone 연기하다

07

정답 ④

해설 이 글은 문제를 해결하는 데 있어서 가상적인 논의에 사로잡히기보다는 현재 상황에서 실현할 수 있는 해결책을 찾으려고 해야 한다는 내용이다. 따라서 글의 요지로 가장 적절한 것은 ④ '현실적으로 생각하고 사용 가능한 자원에 집중하라.'이다.
① 항상 당신의 경쟁자를 이길 것이라 기대하지 말라. → 경쟁과 관련된 내용은 언급된 바 없다.
② 실패의 원인을 조사하고 그것들을 피하라. → 현재 무엇을 할 수 있는지에 대한 현실적인 고민을 하라고 조언하는 글로, 실패의 원인을 조사하고 이를 피하라는 내용은 언급되지 않았다.
③ 선택사항을 제한하기보다는 넓히도록 노력하라. → 선택사항을 넓히라는 내용의 글이 아니다.

해석 아폴로 13호 사건은 역사상 가장 주목할 만한 성공적인 과학 및 기술적인 위기관리 사례 중 하나로 손꼽힌다. 우주선의 전기 시스템에 심각한 고장이 발생했을 때 대응팀은 통제할 수 있는 것과 우주선에 탑승한 우주비행사들이 사용할 수 있는 실제 자원, 장비, 보급품에만 집중했다. 그들은 "이것만 있었더라면," "저것을 할 수 있었으면 좋겠다"와 같은 가상의 논의는 자제했다. 대신, 그들은 오로지 현실을 직시하고 사용할 수 있는 자원만을 이용하여 위기에 대응했다. '만약'을 곱씹는 것은 문제 해결에 아무런 도움이 되지 않았을 것이다.

어휘 incident 사건, 사고 stand out 두드러지다 crisis 위기 management 관리 critical 심각한 response 대응 solely 오직 available 이용 가능한 astronaut 우주비행사 onboard 탑승한 refrain 자제하다 hypothetical 가상의 strictly 오로지, 순전히 at hand 사용 가능한 dwell on ~을 곱씹다 beat 이기다 investigate 조사하다 expand 넓히다

08

정답 ①

해설 이 글은 보통 생명체는 한 번에 수많은 새끼를 낳는데, 그중 생존에 유리하게 변이된 몇몇 개체들만이 살아남음으로써 진화가 이루어진다고 말하고 있다. 즉, 수많은 생명체의 죽음 속에서 더 '나은' 생명체가 탄생한다는 내용이므로, 빈칸에 들어갈 말로 가장 적절한 것은 ① '더 나은 생명체를 찾기 위해 생명체를 소모한다'이다.
② 다양성보다는 특화를 선호한다 → 오히려 유전적 다양성을 추구한다고 보아야 하며, '특화'는 적은 수의 새끼에 집중하는 포유동물의 특성에 더 가깝다.
③ 자원이 낭비되는 것을 허용하지 않는다 → 자원 사용에 관한 글이 아닐뿐더러 생명체를 자원으로 보더라도 수많은 생명체가 낭비되는 것이므로 반대된다.
④ 생명이 해를 입지 않도록 함으로써 그것을 돌본다 → 오히려 수많은 생명체를 시험에 들게 한다고 언급되므로 옳지 않다.

해석 우리의 뇌는 낭비에 저항하는 경향이 있는 것 같지만, 우리는 이러한 점 때문에 자연에서 비교적 독특하다. 포유동물들은 동물의 왕국에서 가장 적은 수의 새끼를 두는데, 그 결과 우리는 각각의 새끼가 성인기에 도달할 수 있도록 엄청난 시간과 보살핌을 투자한다. 그러나 나머지 자연은 그런 식으로 돌아가지 않는다. 다랑어는 산란철에 천만 개의 수정된 알을 산란할 수 있다. 아마도 그것 중 10마리가 부화하여 성인기에 도달하게 될 것이다. 생존하는 한 마리당 100만 마리가 죽는 것이다. 하지만 그것에는 타당한 이유가 있다. 자연은 더 나은 생명체를 찾기 위해 생명체를 소모한다. 그것은 실패에 실패를 거듭하며 어떤 새로운 (DNA 염기) 순서가 결국 이전에 나타난 것들을 이겨내어 그 종이 진화할 것이라는 바람을 갖고 DNA를 변화시킨다. 다시 말해서 자연은 자신의 창조물 대부분을 빠르게 죽임으로써 그것들을 시험하는데, 그것은 번식의 유리함을 결정하는 '유혈이 낭자한' 전투이다.

어휘 wired 어떤 방식으로 행동하는 경향이 있는 relatively 상대적으로 offspring 새끼, 자손 bluefin tuna 다랑어 release 풀어놓다, 유포하다 fertilized 수정이 이루어진 spawning 산란 make it to ~에 이르다, 도달하다 sequence 순서 outcompete ~을 경쟁에서 이기다 red in tooth and claw 유혈이 낭자한, 인정사정 봐주지 않는 reproductive 번식의 keep sth out of harm's way ~이 해를 입지 않도록 하다

09

정답 ②

해설 주어진 글은 인간의 '시각'과 '청각'의 한계에 관해 설명하고 있으므로, '볼 수 없는' 것들을 언급한 주어진 글의 마지막 문장 뒤에는 '들을 수 없는' 것들을 언급하는 (B)가 Likewise로 적절히 연결된다. 그다음으로, (B) 마지막에서 이러한 한계를 극복하기 위해 도구를 이용한다는 설명에 대한 예시로(Such examples) 망원경과 현미경을 언급하는 (C)가 이어져야 한다. 마지막으로는, (C)의 blood cells ~ fly's legs를 these finer details ~ tiny life로 받으며, 한 세기 뒤의 더 발전된 현미경에 관해 이야기하는 (A)가 와야 한다. 따라서 글의 순서로 가장 적절한 것은 ② '(B) - (C) - (A)'이다.

해석 우리가 쉽게 보고 듣지 못하는 것들이 있다. 많은 별은 우리의 시야 밖에 있고 우리는 원자나 빗물의 웅덩이에 있는 작은 생물조차도 볼 수 없다. (B) 마찬가지로, 우리는 많은 새나 쥐가 들을 수 있는 소리를 들을 수 없다. 하지만 우리는 질문하고 우리의 눈이나 귀로만 보거나 듣는 것보다 훨씬 더 잘 보거나 들을 수 있게 하는 도구를 이용함으로써 여전히 그것에 대해 배울 수는 있다. (C) 그에 관한 예시로 우주 멀리까지 볼 수 있게 하는 망원경과 생물의 아주 작은 구성체까지 깊이 들여다볼 수 있게 해주는 현미경이 있다. 17세기에 Antonie van Leeuwenhoek은 자신의 작은 현미경을 이용해서 혈구와 파리의 다리에 있는 털을 관찰했다. (A) 한 세기 후에는 더 발전된 현미경이 등장하여 박물학자들이 이러한 해부학적으로 더 미세한 부분과 일련의 놀라운 미생물체를 더 잘 조사할 수 있었다.

어휘 gaze 시선, 응시 atom 원자 puddle 물웅덩이 microscope 현미경 naturalist 박물학자 examine 조사하다 anatomy 해부(학) array 집합체, 배열 telescope 망원경

10

정답 ④

해설 이 글은 Nelson Mandela가 그의 적인 아프리카너들의 언어를 배움으로써 그들에 대한 통찰력을 길러 그들의 강점과 약점을 파악하였고, 후에 그것이 매우 유용하였다는 내용이다. 따라서 글의 흐름상 어색한 문장은 Mandela의 사임 방식을 높이 평가하는 내용의 ④이다.

해석 "너의 친구를 가까이 두어라. 하지만 너의 적은 더 가까이 두어라."라는 이 유명한 표현은 Nelson Mandela가 적의 언어인 아프리칸스어를 배우려 했던 노력에서 잘 드러난다. Mandela는 1960년대에 그의 추종자들의 반감에도 불구하고 처음으로 남아프리카 공화국의 백인들인 아프리카너들의 언어를 배우기 시작했다. 그들은 그것이 시간 낭비라고 생각했지만, Mandela는 그것이 아프리카너들의 세계를 보는 관점에 대한 통찰력을 얻는 데 중요하다고 생각했다. 아프리카너들이 세계를 어떻게 보는지에 관한 이 관점을 얻음으로써, 그는 그들의 강점과 약점을 알 수 있었을 것이다. (여러 방면에서, 남아프리카의 대통령으로서 Mandela가 한 최고의 기여는 그가 대통령직에서 물러날 것을 선택한 방법이었다.) 아프리카너들에 대한 이러한 이해는 나중에 그가 자기 사람들의 요구를 받아들이도록 그들을 성공적으로 설득하는 데 아주 중요했던 것으로 드러났다.

어휘 exemplify 예를 들다 Afrikaans 아프리칸스어(남아프리카 공화국의 네덜란드계 공용어) disapproval 반감, 못마땅함 crucial 중대한 insight 통찰력 perspective 관점, 시각 contribution 기여, 기부 invaluable 매우 유용한, 귀중한 persuade 설득하다

01	④	02	③	03	②	04	③	05	④
06	②	07	④	08	②	09	③	10	③

01

정답 ④

해설 문두의 Although로 보아 유출된 문서는 회사 실적이 좋다는 CEO의 말과 상반되는 내용을 담고 있었음을 유추할 수 있으므로, 빈칸에 들어갈 말로 가장 적절한 것은 ④ 'contradicted(모순되다)'이다.
① 위조하다 ② 밝게 하다 ③ 발표하다

해석 그 CEO는 회사의 실적이 좋다고 주장했지만, 언론에 유출된 내부 문서는 그의 낙관적인 전망과 완전히 모순되었다.

어휘 internal 내부의 leak 유출하다 optimistic 낙관적인 outlook 전망

02

정답 ③

해설 important와 같은 이성적 판단의 형용사가 포함된 가주어(It)-진주어(that절) 구문에서 that절 내의 동사는 '(should) + RV'로 표현한다. 여기서 that절 내의 주어는 the new policy이고, 문맥상 '(정보를) 전달하다'라는 뜻의 타동사로 쓰인 communicate 뒤에 목적어가 없으며 새 정책이 전 직원에게 '전달되는' 것이므로, that절의 동사는 수동형 원형부정사로 쓰여야 한다. 따라서 빈칸에 들어갈 말로 가장 적절한 것은 ③ 'be communicated'이다.

해석 최신 규정을 반영한 새로운 정책이 전 직원에게 명확하게 전달되는 것이 중요하다.

어휘 reflect 반영하다 regulation 규정

03

정답 ②

해설 (took → take 또는 taking) 지각동사 see는 목적어와 목적격 보어의 관계가 능동이면 RV나 RVing를, 수동이면 p.p.를 목적격 보어로 취하는데, 여기서는 offspring이 부모를 '돌보는' 것을 못 본 것이므로 목적격 보어에는 take나 taking이 와야 한다.
① 문장의 주어는 Most of the characteristics이고, '부분명사 of 전체명사'가 주어로 오는 경우 of 뒤의 명사에 동사를 수일치시키므로, 복수명사 characteristics에 수일치한 복수 동사 are는 적절하게 쓰였다.
③ 'It ~ that[who]' 강조 구문으로 주어인 only the human being이 강조되었다. 강조 대상이 사람일 경우 that 대신 who를 쓸 수도 있으므로 적절하게 쓰였다.
④ 'the + 형용사'는 '~한 사람들'이라는 의미이므로, the dead로 '죽은 사람들'을 표현한 것은 적절하다.

해석 우리가 노년과 연관시키는 특징 대부분은 인간 고유의 것이다. 우리는 동물종 중에서 자식이 늙어 가는 부모를 돌보는 것을 본 적이 없는데, 즉 인간만이 죽은 자들을 보살피는 것처럼, 종의 가장 오래된 구성원을 보살피는 것도 오직 인간뿐이다.

어휘 characteristic 특징 associate 연관시키다 offspring 자식, 새끼

04

정답 ③

해설 빈칸 앞에서 B가 화물 일정에 어떠한 변경 사항이 있는지 물었으므로, 빈칸에는 그에 대한 대답이 와야 한다. 따라서 빈칸에 들어갈 말로 가장 적절한 것은 ③ '몇몇 배송 일정이 변경된 것 같아요.'이다.
① 운임은 얼마인가요?
② 조정된 사항이 없는 것 같아요.
④ 배송 보고서의 수치가 잘못되었어요.

해석 A: 안녕하세요, Adam. 다음 주 화물 일정이 업데이트되었음을 알려 드리려 해요.
B: 정말요? 어떤 변경 사항이 있나요?
A: 몇몇 배송 일정이 변경된 것 같아요.
B: 그렇군요. 업데이트된 일정을 바로 확인하고 그에 따라 계획을 조정할게요.
A: 그리고 특히 고객과 조율하는 경우 새로운 배송 시간에 유의해 주세요.
B: 그럴게요. 새로운 소식을 알려 주셔서 감사합니다!

어휘 cargo 화물 adjust 조정하다 accordingly 그에 따라 keep an eye on ~에 유의하다 coordinate 조율하다, 협력하다 freight charge 운임 apparently 보아하니 figure 수치

05

정답 ④

해설 글 서두에서 초등학교 인근 교통 상황과 관련하여 이메일을 쓴다고 언급한 후, 과속 차량에 관한 문제를 해결해야 할 필요성을 제기하고 있으므로 글의 목적으로 가장 적절한 것은 ④ '학교 주변 교통안전에 대한 대책을 촉구하려고'이다.
① 학교를 전담하는 경찰관을 칭찬하려고 → 칭찬이 목적인 글이 아닐뿐더러, 학교 전담 경찰관에 관한 내용은 없다.
② 다친 학생들을 위한 보상을 요구하려고 → 이미 다친 학생들을 위한 보상을 요구하는 것이 아니라, 아이들이 다칠까 염려하여 글을 쓰는 것이므로 적절하지 않다.
③ 등하굣길을 위한 도로 신설을 제안하려고 → 도로 신설 제안에 관한 내용은 글에 없다.

06

정답 ②

해설 맥락상 posting은 '배치하다'라는 뜻으로 쓰였으므로, 이와 의미가 가장 가까운 것은 ② 'placing(배치하다)'이다.
① 대답하다, 답신을 보내다 ③ 게재하다 ④ 발표하다

05-06

해석 수신: policerequests@mobile.gov
발신: orlandojackson@lkt.com
제목: 솔즈베리 초등학교
날짜: 9월 4일

친애하는 분께,

저는 아침과 오후의 솔즈베리 초등학교 인근의 교통 상황과 관련하여 이 글을 씁니다. 스쿨존에서 차량이 너무 빠르게 주행하고 있는데, 이는 반드시 해결되어야 할 문제입니다.

제 자녀 중 두 명이 솔즈베리에 다니고 있는데, 아이들의 안전이 걱정됩니다. 저는 매일 아이들을 걸어서 등교시키고 있는데, 법정 제한 속도보다 훨씬 빠르게 운전하는 차량을 여러 번 목격한 적이 있습니다.

이러한 운전 행위는 용납할 수 없습니다. 학교 근처에 경찰관을 배치하거나 과속 방지턱과 추가 경고 표지판을 설치하는 등의 조치를 취해 스쿨존에서의 위험 요소를 줄일 것을 강력히 촉구합니다.

진심을 다하여,

Orlando Jackson

어휘 regarding ~에 관하여 traffic 교통 vehicle 차량 address 해결하다 walk 바래다주다 occasion 경우 witness 목격하다 unacceptable 용납할 수 없는 urge 촉구하다 measure 조치 install 설치하다 speed bump 과속 방지턱 diminish 줄이다 hazard 위험 요소

07

정답 ④

해설 이 글은 인류가 지구의 부양 능력을 상회하는 수준으로 지구의 자원을 소비하고 있다는 문제점을 지적하며, 구체적으로 어느 정도의 한계선에 이르렀는지 설명하고 있다. 따라서 글의 주제로 가장 적절한 것은 ④ '과잉 이용으로 인해 줄어드는 지구의 지속 가능성'이다.
① 기후 변화에 맞서기 위한 해결책 → 기후 변화의 해결책을 소개하는 글이 아니다.
② 천연자원의 남용을 방지하는 방법 → 자원 남용이 이 글의 소재지만, 이것을 '방지하는' 방법에 관한 내용은 소개되지 않았다.
③ 지구의 생물 다양성을 유지하는 것의 중요성 → 지구의 생물 다양성이 급격하게 줄어들고 있음을 이야기했으나, 이는 우리가 자원을 남용함에 따른 결과 중 하나로서 언급되었을 뿐이다.

해석 우리는 이미 하나의 지구가 지탱할 수 있는 것보다 많이 소비하고 있다. 회사가 자기 자산을 팔아서 버는 것보다 더 많이 지출할 수 있는 것처럼, 우리는 수천 년 동안 축적된 지구의 자본을 축내고 있다. 주요 과학자 집단에 의해 발행된 한 보고서에서, 우리는 이미 많은 측면에서 안전한 지구의 경계선을 넘어섰다는 결론이 났다. 우리는 이미 지구의 부양 능력을 넘어섰으며, 감당해 낼 수 있는 생물 다양성 상실의 열 배 수준에 있고, 자연 주기로부터 나오는 질소를 지속 가능하다고 여겨질 수 있는 것보다 네 배 더 많이 추출하고 있으며, 인의 순환 과정, 해양의 산성화, 그리고 성층권의 오존 고갈이 감당해 낼 수 있는 한계치에 도달해 있다. 인간의 문명은 자연환경과 어긋난 상태에 있다. 우리는 하나의 지구보다 상당히 더 많이 소비하고 있다.

어휘 eat into ~을 축내다 accumulate 축적하다 exceed (한계를) 넘어서다 planetary 지구의, 행성의 surpass 넘다, 초월하다 carrying capacity 부양 능력, 적재량 tenfold 열 배의 bearable 견딜 수 있는 biodiversity 생물 다양성 extract 추출하다 nitrogen 질소 sustainable 지속 가능한 threshold 한계 phosphorus 인 acidification 산성화 stratospheric 성층권의 depletion 고갈 out of kilter 일치하지 않는, 어긋난 combat 맞서다 overexploitation 과잉 이용[개발]

08

정답 ②

해설 이 글은 재미없는 비디오, 즐기지 못하는 휴가 등의 예시를 이용해 이미 써버린 돈(매몰 비용)이 아까워서 계속해서 돈을 퍼붓는 매몰 비용의 오류를 설명하고 있다. 마지막 문장에서 비용을 얼마나 썼든 간에 그것은 이미 잃은 것이며 되찾을 수 없다고 언급한 것을 통해 과거에 자신이 쓴 돈이 미래의 결정에 영향을 미쳐서는 안 된다는 것을 유추할 수 있다. 따라서 빈칸에 들어갈 말로 가장 적절한 것은 ② '관계없는'이다.
① 접근할 수 있는 → 매몰 비용 오류에서 벗어나기 위해서는 과거를 무시해야 하므로 반대된다.
③ 평가되는 → 과거를 되돌아보며 평가해야 한다는 내용은 언급된 바 없다.
④ 과대평가된 → 오히려 과거에 연연하지 말아야 한다는 것이 글의 요지이므로 반대된다.

해석 끊임없이 반복되는 불합리한 생각의 한 가지 형태는 매몰 비용의 오류이다. 당신이 비디오를 빌렸는데 그것을 즐기지 않는다는 것을 깨달았다고 가정하자. 당신은 그것에 돈을 지불했기 때문에 어쨌든 그것을 계속 볼지도 모른다. 또는 몸이 아직 아플 때 휴가를 가서 잠시도 그것을 즐기지 않지만, 휴가에 많은 돈이 들었기 때문에 견뎌야 한다고 생각할지도 모른다. 이것이 "매몰 비용의 오류"라고 알려져 있다. 그것은 개인은 물론 아주 큰 조직에도 영향을 준다. 한 조직이 전망이 그다지 밝지 않은 기업에 투자를 많이 했다면 그곳에 이미 크게 투자했기 때문에 종종 그 기업에 돈을 계속 퍼붓는다. 그러나, 미래에 무엇을 할 것인가를 결정할 때 과거는 관계없어야 한다. 한 사업에 비용을 얼마나 퍼부었든지 간에 그것은 이미 잃은 것이며, 더 많이 잃는다고 해서 그것을 되찾지는 못할 것이다.

어휘 persistent 끊임없이 반복되는 sunk cost 매몰 비용 fallacy 오류 carry on 계속해서 하다 enterprise 기업, 사업

09

정답 ③

해설 이 글은 18개월이 되면 아기들에게 놀랄 만한 정서적 능력이 나타난다는 것을 그 이전 연령의 아기들과 비교 실험한 결과를 제시하여 설명하고 있다. 주어진 문장은 역접의 연결사 However로 시작하여, 18개월 무렵의 아기들은 거울 속의 자신을 바라보고 당황한다고 서술한다. 이때 ③ 앞에서 18개월이 되지 않은 아기들은 정서적 반응을 보이지 않는다고 이야기했기에 18개월을 기점으로 상반되는 상황이 주어진 문장의 However와 적절히 연결되는 것과, ③ 뒤에서는 그들이 당황스러움을 느꼈다고 했으므로 주어진 문장이 없다면 맥락이 끊기는 것을 알 수 있다. 또한 ④ 앞 문장에서는 공감이라는 정서적 능력을 also를 통해 언급했으므로, 그 이전에 정서적 능력에 관한 내용이 나왔어야 한다. 따라서 주어진 문장이 들어갈 위치로 가장 적절한 것은 ③이다.

해석 18개월이 되면 놀랄 만한 정서적 능력이 아기들에게 나타난다. 그들은 학자들이 '자기 의식적 정서'라고 부르는 것, 즉 (예를 들어 죄책감, 수치심, 당황스러움 같은) 남들에 의해 판단되는 '자신'에 대한 인식과 연관된 정서를 나타내기 시작한다. 예를 들어 한 실험에서 연구자들은 어머니들에게 그들의 아기들의 코에 입술연지를 발라서 그 아기들을 거울 앞에 놓아 달라고 요청했다. 18개월이 되지 않은 아기들은 정서적 반응을 전혀 보이지 않는 것 같았다. 하지만 18개월 무렵이 되면, 아기들은 거울 속의 자신을 바라보았을 때 당황했다. 그들은 아직 그 단어를 알지 못했지만, 당황스러움을 느끼고 있었다. 18개월이 되면 아기들은 또한 다른 사람들의 정서 상태에 공감하는 능력이 발달하기 시작한다. 두 살배기 아이가 "엄마가 나를 껴안으면 내 기분이 나아지니까 나도 널 껴안아 줄게."라고 말하려는 듯이 울고 있는 다른 아이를 껴안아 주겠다고 할 때 이러한 수준의 발달이 분명하게 드러난다.

어휘 toddler 아장아장 걷는 아기 remarkable 놀랄 만한, 주목할 만한 competence 능력 emerge 나타나다 self-conscious 자기 의식적인 apply 바르다 rouge 루주, 입술연지 empathy 공감, 감정 이입

10

정답 ③

해설 4번째 문장에서 각 연료의 가격에 대한 정보를 제공한다고 언급되므로, 글의 내용과 일치하는 것은 ③ '이것은 여러 연료 가격이 얼마인지 보여 준다.'이다.
① 이것은 비거주자에 의해 사용될 수 없다. → 첫 문장에서 방문자에게도 도움이 되는 앱이라고 언급되므로 옳지 않다.
② 사람들은 이것을 사용하여 휘발유의 위치를 찾을 수 있다. → 2번째 문장에서 휘발유와 경유 '이외의' 연료를 찾을 수 있는 곳을 보여 준다고 언급되므로 옳지 않다.
④ 이것을 사용하려면 소정의 수수료가 필요하다. → 마지막 2번째 문장에서 이 앱은 무료라고 언급되므로 옳지 않다.

해석 **윌밍턴시에서 윌밍턴 대체 연료 앱을 소개합니다.**
윌밍턴시는 주민과 방문객 모두가 유익하게 사용할 수 있는 새로운 앱 개발을 막 완료했습니다. 이 앱의 이름은 윌밍턴 대체 연료로, 도시와 주변 지역에서 휘발유 및 경유 이외의 연료를 구할 수 있는 모든 곳을 보여 줍니다. 추적되는 연료에는 바이오 디젤, 천연가스, 수소 및 전기가 포함됩니다. 이 앱은 각 연료의 가격 및 다양한 위치에서의 사용 가능 여부에 대한 정보도 제공합니다. 여기를 클릭하여 이 무료 앱을 처음 사용하는 사람 중 한 사람이 되기 위해 등록하세요. 이제 더 이상 대체 연료를 찾느라 시간과 돈을 낭비할 필요가 없을 것입니다.

어휘 alternative 대체의 fuel 연료 resident 주민 alike 둘 다 surrounding 주변의 obtain 확보하다 gasoline 휘발유 diesel 경유 track 추적하다 natural gas 천연가스 hydrogen 수소 availability 사용 가능성 register 등록하다

01	③	02	①	03	③	04	②	05	①
06	③	07	④	08	①	09	①	10	③

01

정답 ③

해설 빈칸은 과학자가 어떤 것을 측정하는 데 있어 취해야 할 태도로, 만약 그렇게 하지 않는다면 결론에 결함이 생기고 결과가 무효가 될 것이라고 했으므로 빈칸에 들어갈 말로 가장 적절한 것은 ③ 'precise(정확한)'이다.
① 서투른 ② 고르지 않은 ④ 창의적인

해석 과학자는 측정에 있어 정확해야 하는데, 그렇지 않으면 결론에 결함이 생기고 연구 결과가 무효가 될 것이다.

어휘 measurement 측정(값) or else 그렇지 않으면 flawed 결함 있는 finding (연구) 결과 invalid 무효한

02

정답 ①

해설 (During → While) 전치사 during 뒤에는 명사(구)가 와야 하는데, 여기서는 주어 the movie와 동사 plays가 있는 절이 오고 있으므로 During을 접속사 While로 고쳐야 한다.
② 'cannot help but RV'는 '~할 수밖에 없다'라는 뜻의 구문으로, 원형부정사 think는 적절하게 쓰였다.
③ wondering의 목적어로 의문부사 how가 완전한 절이 이끌고 있는 것은 적절하다.
④ seeks의 주어는 he or she인데, 'A or B'가 주어로 오는 경우 동사는 B에 수일치시키므로 she에 수일치한 단수 동사의 쓰임은 적절하다.

해석 복잡한 줄거리의 꼬임이 있는 영화가 진행되는 동안에는, 서로 관련 없어 보이는 모든 스토리라인이 어떻게 수렴될지, 그리고 주인공은 서사 내내 좇는 평화를 찾을지 궁금해하며 결말에 대해 생각하지 않을 수가 없다.

어휘 complicated 복잡한 plot 줄거리 twist 꼬임, 전환 seemingly 겉보기에는 unrelated 관련 없는 converge 수렴되다 protagonist 주인공 narrative 서사

03

정답 ③

해설 Anna에게서 필요한 문서를 받기 위해 그녀에게 연락을 취해야 하는 상황이다. 이때 A가 빈칸 내용을 언급하자, B는 그녀가 낮잠을 자고 있을 수도 있다며 그녀에게 메시지를 남겼냐고 물어보았다. 따라서 빈칸에서 A는 그녀에게 연락이 닿지 않았다고 말했음을 알 수 있으므로, 빈칸에 들어갈 말로 가장 적절한 것은 ③ '이미 전화해 봤는데 안 받네요.'이다.
① 그녀는 일주일에 한 번 재택근무를 해요.
② 그녀의 증상을 아시나요?
④ 그녀는 그것을 바로 보내 주겠다고 말했어요.

해석 A: Anna는 오늘 휴가를 냈나요?
B: 병가를 냈어요. 그녀에게서 필요한 게 있나요?
A: 내일 콘퍼런스에 필요한 문서를 보내 주기로 되어 있었어요.
B: 제가 연락해서 원격으로 보내 줄 수 있는지 알아볼게요.
A: 이미 전화해 봤는데 안 받네요.
B: 정말요? 낮잠을 자고 있을지도 모르겠네요. 메시지를 남기셨나요?
A: 네, 음성 메시지를 남겼어요. 곧 답장이 왔으면 좋겠네요.

어휘 take the day off 휴가를 내다 call in sick 병가를 내다 be supposed to ~하기로 되어 있다 remotely 원격으로 nap 낮잠 voicemail 음성 메시지 get back to ~에게 회신하다 work from home 재택근무를 하다 symptom 증상 pick up (전화를) 받다

04

정답 ②

해설 Pulse Design Lab은 디자인 샘플 요청에 응하며 빈칸 내용을 물었다. 이에 Tiffany는 특정 기간을 언급했으므로, 빈칸에는 샘플을 보내야 하는 기한에 관한 내용이 와야 자연스럽다. 따라서 빈칸에 들어갈 말로 가장 적절한 것은 ② '언제 보내 드리면 좋을까요'이다.
① 이 디자인이 제일 좋다고 생각하는 이유는 무엇인가요
③ 디자인 수업이 취소됐다는 것을 알고 계신가요
④ 디자인에서 보시길 원하는 특정 요소가 있나요

해석 Tiffany: 안녕하세요, 제 제안서 검토를 마치셨는지 궁금합니다.
Pulse Design Lab: 네, 마쳤습니다. 저희는 진행할 준비가 되었습니다.
Tiffany: 좋습니다. 계약하기 전에 디자인 샘플을 볼 수 있을까요?
Pulse Design Lab: 물론이죠. 언제 보내 드리면 좋을까요?
Tiffany: 며칠 내로 보내 주시면 좋겠지만 더 기다릴 수는 있습니다.
Pulse Design Lab: 알겠습니다. 추가 정보가 필요하면 연락드리겠습니다.

어휘 move forward with ~을 진행하다 contract 계약 ideal 이상적인 reach 연락하다 specific 특정한 element 요소

05

정답 ①

해설 글 서두에서 겨울철에 중단되었던 파머스 마켓이 올봄에 재개한다고 언급되며, 이 파머스 마켓은 지역 상인이 재배한 농산물을 판매하는 곳임을 알 수 있다. 따라서 글의 제목으로 가장 적절한 것은 ① '지역 파머스 마켓이 돌아옵니다'이다.
② 직접 채소를 재배하는 방법을 배우세요
③ 새로운 파머스 마켓을 위해 상인을 모집합니다. → 농산물을 판매할 상인을 모집하는 글이 아니다.
④ 우리 농산물 시장 개선 방안에 관한 공개 토론회

06

정답 ③

해설 글 중반부에서 유기농, 비유기농 제품 모두 제공될 예정이라고 언급되므로, 글의 내용과 일치하지 않는 것은 ③ '유기농 농산물만 선보일 예정이다'이다.
① 지난겨울에는 열리지 않았다. → 글 초반부에서 언급된 내용이다.
② 주말에 열릴 예정이다. → 글 중반부에서 언급된 내용이다.
④ 날씨와 관계없이 진행될 것이다. → 글 후반부에서 언급된 내용이다.

05-06

해석
지역 파머스 마켓이 돌아옵니다

겨울철에 중단한 이후 니덤 파머스 마켓이 이제 봄을 맞아 운영을 재개할 예정입니다. 따뜻한 날씨가 돌아오면서 지역 상인들을 지원하고 신선한 제철 농산물을 즐기기에 완벽한 시기가 되었습니다.

파머스 마켓은 4월 6일에 시작해서 6월 29일까지 주말에 열릴 예정입니다. 니덤 고등학교의 주 주차장에서 열릴 것입니다.

현지 농부들이 유기농과 비유기농 모두 다양한 종류의 농산물을 제공할 예정입니다. 과일, 채소, 견과류, 육류 제품, 유제품, 그리고 파이와 잼과 같이 집에서 만든 간식이 있을 예정입니다.

니덤 파머스 마켓의 단골이 되어 훌륭한 맛과 저렴한 가격을 즐겨 보세요. 우천 시에는 니덤 고등학교 실내에서 행사가 진행되므로 날씨는 걱정하지 마세요.

어휘 break 중단, 휴지 resume 재개하다 operation 운영 local 지역[현지]의 vendor 노점, 상인 seasonal 제철의 produce 농산물 organic 유기농의 dairy 유제품의 treat 간식 take place 개최되다, 일어나다 recruit 모집하다 rain or shine 날씨에 관계없이

07

④

해설 이 글은 '장밋빛 회상' 실험을 예시로 들어 아무리 과정이 힘들었더라도 결과가 만족스럽다면 나쁜 기억은 사라지고 좋은 기억만이 남게 된다고 말한다. 따라서 글의 요지로 가장 적절한 것은 ④ '좋은 결과는 나쁜 기억을 지우고 좋은 기억을 강화한다.'이다.

① 현실을 무시한 예측은 아무런 소용이 없다.

② 현실은 종종 기대를 만족시키지 못한다. → 글 후반부에서 어떤 일을 하는 과정에서 현실이 기대에 못 미친다는 말이 언급되나, 핵심은 '그렇지만(however)' 결과가 좋으면 우리는 그 과정까지도 미화한다는 것이므로 글의 요지와는 거리가 멀다.

③ 여행과 휴가는 삶을 풍요롭게 하는 촉매제이다. → 여행과 휴가는 예시로서 언급되었을 뿐, 글의 주요 소재는 아니다.

해석 한 사건이 일어난 후에, 한 사람이 갖고 있는 전부는 그것에 대한 기억이다. 대부분의 기다림은 원하는 결과를 기대하므로, 지배적인 것은 중간의 구성 요소가 아니라 결과에 대한 기억이다. 만약 전반적인 결과가 충분히 만족스럽다면, 중간에 겪었던 어떠한 불쾌함도 최소화된다. Terence Mitchell과 Leigh Thompson은 이것을 '장밋빛 회상'이라고 부른다. Mitchell과 그의 동료들은 12일간의 유럽 여행 참가자들과 추수감사절 휴가로 집에 가는 학생들, 그리고 캘리포니아를 횡단하는 3주간의 자전거 여행을 간 사람들을 연구했다. 이 모든 경우에서, 결과는 비슷했다. 사건이 일어나기 전에, 사람들은 긍정적인 기대감으로 미래를 생각했다. 나중에, 그들은 좋게 기억했다. 도중에는 어떨까? 글쎄, 현실은 좀처럼 기대에 부응하지 않으며, 너무 많은 것들이 잘못된다. 그러나 기억이 장악하게 되면, 그 불쾌함은 사라지고 좋은 부분이 남으며, 그것은 더 강렬해져서, 심지어 현실을 넘어 확대될 수도 있다.

어휘 outcome 결과 dominate 지배하다 intermediate 중간의 component 구성요소 pleasurable 즐거운 minimize 최소화하다 retrospection 회상 anticipation 예상, 기대 live up to ~에 부응하다 intensify 강렬해지다 amplify 확대하다 neglect 무시하다 enrich 풍요롭게 하다 catalyst 촉매제 reinforce 강화하다

08

정답 ①

해설 식물은 곤충에 의해 수분 되기 위해 곤충이 활동하는 시간에 깨어 있고 나머지 시간 동안에 잠을 잔다는 내용이므로, 빈칸에 들어갈 말로 가장 적절한 것은 ① '생식하다'이다.

② 의사소통하다 → 식물이 서로 의사소통하는 것과는 관계가 없다.

③ 먹이를 생산하다

④ 밤낮을 나누다 → 스스로 밤낮을 나누는 것이 아니라 수분을 돕는 곤충이 언제 활동하느냐에 따라 이미 존재하는 밤낮에 맞추어 개화하거나 꽃이 닫히는 것이다.

해석 일부 식물들은 실제로 잠을 자지만, 그들이 취하는 수면의 종류는 우리의 수면과 같지 않으며 다른 이유로 일어난다. 수련과 데이지 같은 많은 꽃은 낮에 개화하고 밤에 닫힌다. 달맞이꽃과 담배의 일부 종과 같은 다른 꽃들은 낮에 닫히고 밤에 개화한다. 낮에서 밤으로 넘어갈 때의 이러한 상태상의 변화는 "수면 운동"이라고 불린다. 과학자들은 식물들이 잠을 자는 이유가 그들이 생식하는 방식과 연관되어 있다고 믿는다. 곤충들은 꽃가루를 이 식물에서 저 식물로 옮기는 것을 도우며, 그것은 식물들이 수정되게 해 준다. 낮에 개화하는 식물들은 낮에 날아다니는 곤충들에 의해 수분 된다. 마찬가지로, 밤에 개화하는 식물들은 밤에 날아다니는 곤충들에 의해 수분 된다.

어휘 water lily 수련 evening primrose 달맞이꽃 tobacco plant (식물) 담배 pollen 꽃가루 fertilize 수정하다 pollinate 수분하다

09

정답 ①

해설 신발은 대부분 가죽으로 만들어진다는 주어진 글 다음에는 But을 통해 맥락을 뒤집어, 기후에 따라 신발 소재가 달라지기도 한다고 이야기하는 (B)가 이어져야 한다. 그에 관한 예시로(For instance) 열대 지방과 극지방의 사례를 언급하는 (A)가 온 다음, 지역별 관습에 따라 신발 소재가 달라지기도 한다는 점을 also로 덧붙이는 (C)가 오는 것이 자연스럽다. 따라서 글의 순서로 가장 적절한 것은 ① '(B) - (A) - (C)'이다.

해석 대부분의 신발은 내구성과 유연성 때문에 주로 가죽으로 만들어진다. (B) 하지만 신발의 소재는 기후에 따라 국가나 지역마다 어느 정도 달라질 수 있다. (A) 예를 들어, 날씨가 덥고 습한 열대 지방에서는 캔버스나 메시와 같은 통기성 소재로 신발을 만드는 반면, 북극에서는 극한의 추위를 견딜 수 있도록 두꺼운 털 안감이 있는 단열 부츠가 일반적이다. (C) 또한 네덜란드의 전통적인 나무 신발이나 중국의 비단 슬리퍼와 같이 지역 관습에 따라 신발 소재가 결정되기도 한다.

어휘 primarily 주로 leather 가죽 durability 내구성 flexibility 유연성 tropics 열대 지방 humid 습한 breathable 통기성 있는 the Arctic 북극 insulated 단열 된 lining 안감 withstand 견디다 extreme 극한의 vary 달라지다 somewhat 어느 정도, 다소 custom 관습 dictate 좌우하다, 영향을 주다

10

정답 ③

해설 이 글은 한 번에 많은 양의 식사를 하기보다는 규칙적인 간격으로, 조금씩 여러 번 먹는 것이 몸에 더 이롭다는 내용이다. 따라서 글의 흐름상 어색한 문장은 특정 증상과 하루 커피 섭취량 간의 상관관계에 대한 내용의 ③이다.

해석 만약 당신이 바쁜 삶을 살고 있고 시간이 부족하다면, 자신이 하루에 겨우 한 번 정도만 제대로 된 식사를 하고 있다는 것을 깨닫게 될지도 모른다. 건강의 관점에서 이것은 나쁜 습관이다. 만약 당신이 한 번에 많이 먹지 않고, 조금씩 여러 번 먹는다면 자기 신체를 좀 더 사려 깊게 대하는 것이 될 것이다. 정해진 양의 음식을 한 번에 먹기보다는 하루에 걸쳐 일정한 간격으로 먹는다면 그것은 몸속에서 더 효과적으로 사용된다. (그와 같은 증상은 하루에 진한 블랙커피를 다섯 잔 넘게 마시는 사람들에게서 나타나기 쉽다.) 많은 양을 가끔 먹는 사람들은 (총량은 같지만) 더 적은 양을 규칙적인 간격을 두고 먹는 사람들보다 더 살이 찌기 쉽고, 혈중 지방 수치도 높은 경향이 있다.

어휘 standpoint 관점 practice 습관, 관습 consideration 신중(함) space ~에 일정한 간격을 두다 at one sitting 한 번에 symptom 증상 infrequent 드문, 잦지 않은 interval 간격

01	④	02	②	03	①	04	②	05	④
06	②	07	④	08	④	09	④	10	③

01

정답 ④

해설 나중에 자신의 저축액이 부족하다는 것을 알게 될 때 후회할 사람들은 미리 저축하지 않은 사람들, 즉 조기 저축의 중요성을 간과한 사람들일 것으로 추측할 수 있다. 따라서 빈칸에 들어갈 말로 가장 적절한 것은 ④ 'ignore(무시하다)'이다.
① 두려워하다 ② 알다 ③ 강조하다

해석 은퇴를 위한 조기 저축의 중요성을 무시하는 사람들은 대개 나중에 자신이 필요한 것에 있어 저축액이 부족할 때 후회한다.

어휘 retirement 은퇴 regret 후회하다 savings 저축(예금) fall short of ~이 부족하다

02

정답 ②

해설 and 이하에서 주어와 (대)동사가 도치된, 동의를 의미하는 절이 오고 있다. 긍정 동의를 나타낼 때는 부사 too나 'and so + V + S' 구문을 사용하고, 부정 동의를 나타낼 때는 부사 either나 'and neither + V + S' 구문을 사용하는데, 여기서는 앞의 절이 긍정문이므로 'and so + V + S' 구문이 쓰여야 한다. as는 'as + S + V' 또는 'as + V + S' 형태로 '~처럼'이라는 뜻을 나타내는 접속사로 쓰일 수 있으나, 여기서는 빈칸 앞에 이미 접속사 and가 있으므로 적절하지 않다. 따라서 빈칸에 들어갈 말로 가장 적절한 것은 ② 'so'이다.

해석 그 지역 도서관은 독자들을 끌어들이기 위해 작가 행사를 개최하기 시작했고, 주요 서점들도 그렇게 했다.

어휘 host 개최하다

03

정답 ①

해설 (renounced → (should) renounce) require와 같은 주장·요구·명령·제안·충고·결정의 동사가 당위의 의미를 지니는 that절을 목적어로 취할 때, that절 내의 동사는 '(should) + RV'로 표현하므로 renounced를 (should) renounce로 고쳐야 한다.
② remain이 2형식 동사로 쓰여 형용사 firm을 보어로 취하고 있는 것은 적절하다.
③ 분사구문에서 타동사로 쓰인 consider 뒤에 명사절 목적어가 있으며, 의미상 주어인 he가 '고려된' 것이 아니라 '고려한' 것이므로 능동의 현재분사 considering은 적절하게 쓰였다. 참고로 considering과 renouncing 사이에는 명사절 접속사 that이 생략되어 있다.
④ 뒤에 가산복수명사인 struggles가 오고 있으며, 맥락상 '투쟁의 수'가 아닌 '수많은 투쟁'이라는 뜻이 되어야 자연스러우므로 a number of의 쓰임은 적절하다. '~의 수'라는 뜻의 the number of나 불가산명사를 수식하는 an amount of와의 구별에 유의해야 한다.

해석 Nelson Mandela에게 주어진 제안은 그가 폭력의 사용을 포기할 것을 요구했지만, 그럼에도 불구하고 그는 폭력을 포기하면 인종 차별에 맞선 아프리카 흑인들의 수많은 투쟁이 퇴색될 수 있음을 고려하여 정의와 평등에 대한 자신의 약속을 굳건히 유지했다.

어휘 renounce 포기하다 commitment 헌신, 약속 equality 평등 undermine 약화시키다, 훼손하다 struggle 투쟁 discrimination 차별

04

정답 ②

해설 이전 채용 공고를 사용하냐는 A의 물음에 B가 빈칸 내용을 언급하자, A는 예전 공고라면 몇 가지 수정해야 할 사항이 있다고 말하였다. 따라서 B는 이전 채용 공고를 그대로 쓰려고 했음을 알 수 있으므로, 빈칸에 들어갈 말로 가장 적절한 것은 ② '네, 업데이트할 내용이 있나요?'이다.
① 아니요, 아직 지원한 사람이 없어요.
③ 네, 이번에 새로 썼어요.
④ 어느 직장으로 갈지 결정하지 못했어요.

해석 A: 상사로부터 신입 직원 채용에 관한 확인을 받으셨나요?
B: 네, 상사가 동의했어요. 오늘 채용 공고를 올릴 계획입니다.
A: 이전 채용 공고를 사용하시나요?
B: 네, 업데이트할 내용이 있나요?
A: 예전 거라면 사실 몇 가지 변경해야 할 사항이 있어서요. 게시하시기 전에 제가 수정해도 될까요?
B: 물론이죠. 지금 바로 파일을 보내 드릴게요.

어휘 confirmation 확인 revise 수정하다

05

정답 ④

해설 첫 문단에서 음식점의 야외 식사 허가 요청이 거부된 것에 대한 이유를 알려 달라고 하고 있으므로, 글의 목적으로 가장 적절한 것은 ④ '음식점의 야외 운영 불허에 대한 이유를 물어보려고'이다.
① 음식점 이전을 위한 허가를 내려고 → 음식점 '이전'에 관한 내용은 언급된 바 없다.
② 음식점의 위생 검사 결과에 대한 불만을 표하려고 → 위생 검사 결과에 관한 글이 아니다.
③ 음식점 확장 허가에 대한 감사를 전하려고 → 야외 식사를 일종의 확장이라고 본다고 하더라도, 감사를 전하는 글이 아니므로 적절하지 않다.

06

정답 ②

해설 맥락상 accommodate는 '(~의 요구에) 부응하다'라는 뜻으로 쓰였으므로, 이와 의미가 가장 가까운 것은 ② 'satisfy(만족시키다)'이다.
① 저장하다 ③ 조정하다 ④ 거처를 제공하다

05-06

수신: Veronica Bradley <veronicab@trenton.gov>
발신: Matthew Sellers <matt_sellers@hatfields.com>
제목: 음식점
날짜: 4월 6일

친애하는 Bradley 씨에게,

방금 귀사의 Karen Boyd에게서 이메일 통지를 받았습니다. 그녀에 따르면 제 음식점 Hatfields의 야외 식사 허가 요청이 거부되었다고 합니다. 이에 대한 이유를 설명해 주실 수 있는지 궁금합니다.

3월 24일 귀사를 방문하여 허가를 받기 위해 요청하신 서류를 제출했습니다. 또한 그날 귀하와 면담도 했습니다. 귀하는 이것이 단지 형식적인 절차이며 곧 허가가 발급될 것이라고 확신해 주었습니다.

하지만 실정은 그렇지 않습니다. Boyd 씨가 작성한 내용을 검토하실 수 있도록 이메일 사본을 첨부했습니다. 이 상황이 조속히 바로잡히기를 바랍니다. 봄이 일찍 찾아와서 야외에서 식사하고 싶다는 고객님들이 많은데, 그분들의 요구에 부응하고 싶습니다.

진심을 다하여,

Matthew Sellers

어휘 permit 허가 notification 통지 outdoor 야외의 reject 거절하다 submit 제출하다 obtain 얻다 assure 확신시키다 mere 단지 formality 형식적인 절차 issue 발급하다 be the case 사실이 그러하다 attach 첨부하다 copy 사본 rectify 바로잡다 patron 고객

07

정답 ④

해설 이 글은 스트레스로 인해 지쳤을 때 숙면을 하기 위해서는 향기가 도움이 된다는 내용의 글로, 향기를 활용하는 여러 방식을 설명하고 있다. 따라서 글의 주제로 가장 적절한 것은 ④ '편안한 수면을 위한 향기의 유용성'이다.
① 숙면을 방해하는 요인들 → 숙면을 방해하는 요인이 아닌, 숙면을 하게 해주는 방법을 소개하는 글이다.
② 스트레스와 피로의 이유 → 글에서는 스트레스와 피로의 이유가 아닌, 해소법을 설명하고 있다.
③ 스트레스를 해소해 주는 방향제의 기원 → 방향제의 기원을 설명하는 글이 아니다.

해석 스트레스가 많은 하루가 끝나고 나면 당신은 어떻게 긴장을 풀고서 정신을 맑게 하는가? 편안한 의자에서 쉬며, 마음을 달래 주는 소리를 틀고서, 가볍고 재미있는 무언가를 읽는 것은 모두 다 편안한 수면을 준비하기 위한 좋은 방법들이다. 그러나 당신의 지쳐 버린 감각을 편안하게 할 때, 후각에 대해 잊어서는 안 된다. 어떤 향기는 당신을 평온한 느낌으로 채워 줄 수 있으며, 연구는 라벤더, 바닐라, 풋사과가 걱정을 덜어 주고 수면을 유도하는 데 도움을 주는 가장 좋은 냄새에 속한다고 밝혔다. 이러한 향기의 정유(精油)는 목 뒤쪽이나 손목 안쪽에 바름으로써 사용할 수 있다. 훨씬 더 좋게는 이러한 정유가 녹아 있는 물속에서 따뜻한 목욕을 즐겨라. 잠자리에 들기 전에 당신은 안팎으로 진정시키는 효과를 위해 천연 바닐라 향료가 들어 있는 따뜻한 두유 한 잔을 즐겨도 좋다.

어휘 wind down 긴장을 풀다 soothing 마음을 진정시키는 restful 편안한 exhausted 진이 빠진, 기진맥진한 aroma 방향(芳香), 향기 tranquility 평온 induce 일으키다, 유도하다 essential oil 정유(精油), 방향유 apply 바르다 indulge in ~에 빠지다 dissolve 용해하다, 녹이다 inhibit 억제[방해]하다 fatigue 피로

08

정답 ④

해설 이 글은 베블런재의 특성에 관해 설명하고 있으며, 빈칸 앞부분에서 베블런재는 높은 지위를 나타내고 부유함을 드러내는 욕망의 수단으로 여겨진다고 하였다. 따라서 부자들이 베블런재 구입을 중단하는 요인에 해당하는 빈칸에 들어갈 말로 가장 적절한 것은 ④ '더 이상 덜 부유한 사람들을 배제할 만큼 가격이 높지 않다'이다.
① 정부가 산업에 개입하기 시작하다 → 정부 개입은 글에서 언급되지 않았다.
② 제조업자들이 결국 시장에 공급하지 않기로 결정하다 → 상품의 '공급' 측면이 아닌, '수요' 측면에 관한 글이다.
③ 시장 내에 품질 경쟁이 더는 존재하지 않는다 → 베블런재가 반드시 눈에 띄게 좋은 품질일 필요는 없다고 언급되므로, 품질이 부자들이 베블런재를 구매할 때 고려하는 주요 요소는 아님을 알 수 있다.

해석 베블런재(Veblen goods)는 '과시적 소비' 이론을 만들어 낸 미국의 경제학자인 Thorstein Veblen의 이름을 따서 지어졌다. 그것들(베블런재)은 그 가격이 상승함에 따라 그것들에 대한 수요가 증가하기 때문에 특이하다. 베블런에 따르면, 이러한 상품들은 높은 지위를 나타내야 한다. 기꺼이 더 높은 가격을 지불하고자 함은 더 나은 품질을 얻기 위해서라기보다는, 부유함을 드러내고자 하는 욕망에 기인한다. 그러므로 진정한 베블런재는 더 저렴한 가격의 동등한 물건보다 눈에 띄게 더 높은 품질이지는 않을 것이다. 만약 그 가격이 너무 많이 하락하여 더 이상 덜 부유한 사람들을 배제할 만큼 가격이 높지 않다면, 부자들은 그것을 사는 것을 중단할 것이다. 고급 차, 샴페인, 시계 그리고 특정 의류 브랜드 시장에는 이러한 행동에 대한 많은 증거가 있다. 가격 하락은 일시적인 판매량의 상승을 보일 수 있으나, 그 이후에는 하락하기 시작할 것이다.

어휘 formulate 만들어 내다, 공식화하다 conspicuous 과시적인, 눈에 잘 띄는 signal 나타내다, 표시하다 willingness 기꺼이 하고자 함 noticeably 두드러지게 equivalent 동등한 것 temporary 일시적인 exclude 배제하다 well-off 부유한

09

정답 ④

해설 주어진 문장은 일 년에 적어도 40권을 읽어야만, 즉 열렬한 독자여야만 (fast and furious reader) 전자책 단말기가 더 친환경적이라는 내용으로, ④ 앞 문장과 That is로 자연스럽게 연결된다. 또한 ④ 뒤 문장은 그러나(however) 일 년에 적어도 40권의 책을 읽'지 않는(Otherwise)' 경우에는 종이책이 낫다는 맥락이어야 하므로, 주어진 문장이 들어갈 위치로 가장 적절한 것은 ④이다.

해석 많은 구매자는 전자책 단말기가 구식의 책보다 친환경적이라고 생각할지도 모른다. 그것들이 그 모든 종이에 대한 필요성을 없애는 것은 사실이지만 정말로 더 친환경적일까? 몇몇 연구자는 인쇄된 책과 전자책 단말기의 수명 주기 분석을 비교해 보았다. 그들은 각각의 제품을 만드는 데 필요한 재료들뿐만 아니라 그것들을 최종적으로 재활용하는 데 필요한 에너지도 살펴보았다. 그들은 당신이 빠르고 열렬한 독자가 아니라면 전자책 단말기를 제조하고 처분하는 데 사용되는 에너지가 아마도 더 클 것이라고 결론을 내렸다. 다시 말해서, 당신이 일 년에 적어도 40권의 책을 읽어야만 전자책 단말기가 더 친환경적일 수 있다. 그러나, 그렇지 않다면 보통의 책을 고수하는 것이 더 좋다.

어휘 assume 추정하다 eco-friendly 친환경적인 old-fashioned 구식의 furious 맹렬한 dispose of ~을 처분하다 stick to ~을 고수하다

10

정답 ③

해설 (A) 앞은 사진 촬영을 할 때 촬영 대상에 대한 이해도가 중요하다는 내용이고, (A) 뒤는 음식 사진 촬영을 이에 관한 예시로 들고 있으므로, (A)에 들어갈 연결사로 가장 적절한 것은 for example이다. 또한, (B) 앞은 필자가 훌륭한 미용사를 본 적이 있고 수년간 머리 사진을 촬영해 봤다는 내용이고, (B) 뒤는 자신이 미용사에게 지시를 내리고 결점을 찾아내 수정할 수 있는 능력이 있다는 내용이므로 인과관계로 이어지는 것을 알 수 있다. 따라서 (B)에 들어갈 연결사로 가장 적절한 것은 As a result이다.

해석 상업적 관점에서는 당신의 사진 기술뿐만 아니라 당신이 촬영하고 있는 대상을 이해한다는 사실이 중요한, 사진 스타일을 전문화하고 개발하는 것이 도움 된다. 예를 들어, 음식 사진작가는 음식 준비에 대해 많은 것을 알고 있으며, 특정한 음식이 어떻게 최고로 보이는지에 대한 음식 스타일리스트의 통찰력을 가지고 있을 것이다. 의뢰를 얻는 데 도움이 되는 것은 이 경험의 깊이이다. 내 전문 분야는 머리 사진을 촬영하는 것이다. 나는 머리를 자르거나 스타일링을 시도해 본 적이 한 번도 없지만, 훌륭한 현직 미용사들을 봐 왔고 수년간 머리 사진을 촬영해 본 경험이 있다. 그 결과, 나는 미용사에게 지시를 내리고, 그렇지(결점을 찾아내지) 않는다면 눈에 띄지 않을 수도 있는 종류의 결점을 찾아내는 (그리고 수정하는) 방법을 알고 있다. 게다가, 당신이 촬영하고 있는 것에 관해 열정적인 것은 좋은 것이다.

어휘 commercial 상업적인 perspective 관점 specialize 전문화하다 count 중요하다 insight 통찰력 commission 의뢰 specialty 특기, 전문 spot 발견하다 remedy 교정하다 flaw 결점 unnoticed 눈에 띄지 않는 passionate 열정적인

01	③	02	④	03	④	04	③	05	③
06	③	07	①	08	③	09	③	10	③

01

정답 ③

해설 안전을 보장하기 위해서 너무 어린 아이의 놀이터 기구 사용은 제한되었을 것으로 추측할 수 있으므로, 빈칸에 들어갈 말로 가장 적절한 것은 ③ 'restricts(제한하다)'이다.
① 의도하다 ② 의심하다 ④ 공지하다

해석 안전을 보장하기 위해 이 아파트에서는 너무 어린 아이의 놀이터 기구 사용을 제한한다.

어휘 ensure 보장하다 usage 이용 equipment 기구

02

정답 ④

해설 빈칸 뒤의 instead of로 보아, 연구 결과를 객관적으로 보고하는 것과 반대되는 표현이 빈칸에 와야 한다. 따라서 데이터를 사실과 다르게 보고하고자 하는 충동을 느꼈다는 맥락이 자연스러우므로, 빈칸에 들어갈 말로 가장 적절한 것은 ④ 'manipulate(조작하다)'이다.
① 제출하다 ② 예측하다 ③ 분석하다

해석 그 과학자는 결과가 자신의 원래 예측과 일치하지 않자 연구 결과를 객관적으로 보고하는 대신 그의 새로운 연구 데이터를 조작하고자 하는 강한 충동을 느꼈다.

어휘 urge 충동 finding (연구) 결과 objectively 객관적으로 align with ~와 일치하다

03

정답 ④

해설 (is → has been) since 2022라는 부사구가 있으므로 현재완료진행시제인 has been dealing with가 쓰여야 한다.
① if가 이끄는 조건 부사절에서는 현재시제가 미래시제를 대신하므로 qualifies는 적절하게 쓰였다.
② 준사역동사 help는 '(to) RV'를 목적격 보어로 취하므로 capture는 적절하게 쓰였다.
③ 5형식 동사로 쓰인 expect는 목적격 보어로 to 부정사를 취하며, 수동태로 전환하면 'be expected to RV' 형태가 된다. 여기서는 문장의 주어인 Suni Lee가 파리 올림픽에 참가할 것으로 '예상되는' 것이므로 수동태 is expected to의 쓰임은 적절하다.

해석 가장 훌륭한 체조 선수인 Simone Biles는 미국 대표팀 자격을 얻는다면 세 번째로 올림픽에 출전하게 될 것이다. 그리고 미국 대표팀이 단체전 은메달을 획득하도록 도왔던 Suni Lee는 2022년 이후로 훈련에 영향을 미치는 신장 관련 건강 문제에 대처해 오고 있지만 파리 올림픽에 참가할 것으로 예상된다.

어휘 gymnast 체조 선수 qualify (출전할) 자격을 얻다, 예선을 통과하다 capture 획득하다 compete (경기에) 참가하다 deal with ~을 다루다, 상대하다 kidney 신장

04

③

해설 추가 수당을 받기 위해 특별한 양식을 작성해야 하는지 물은 Janice에게 Alex는 잘 모르겠다고 답하며 빈칸 내용을 언급하였다. 이에 B는 고맙다고 말하고 있으므로, 빈칸에서 Alex는 한번 알아보겠다는 취지의 내용을 말한 것을 알 수 있다. 따라서 빈칸에 들어갈 말로 가장 적절한 것은 ③ '여기저기 물어보고 알아보는 대로 알려 드릴게요'이다.

① 초과 근무를 할 필요는 없어요
② 양식을 반드시 작성해야 해요
④ 보상이 뭔지 알아보도록 할게요

해석 Alex: 저기, 이번 주말에 저희가 일해야 한다고 들었어요.
Janice: 네, 그래야 할 것 같네요. 이에 대해서 추가 수당이 있는지 알고 있으신가요?
Alex: 주말에 근무한 시간에 대해서는 1.5배를 지급받아요.
Janice: 알게 되어 좋네요. 이를 위해서 특별한 양식을 작성해야 하나요?
Alex: 잘 모르겠네요. 여기저기 물어보고 알아보는 대로 알려 드릴게요.
Janice: 고마워요. 당신이 최고예요.

어휘 compensation 수당, 보상 time-and-a-half 1.5배의 지급 overtime 초과 근무 mandatory 필수적인 find out 알아보다

05

③

해설 글 서두에서 작가가 되고자 하는 사람들을 대상으로 글쓰기 기술을 향상하기 위한 워크숍이 열릴 예정이라고 소개하고 있으므로, 글의 제목으로 가장 적절한 것은 ③ '작가가 되고자 하는 분들을 위한 글쓰기 워크숍'이다.
① 책을 어떻게 출판하는지 배워 보세요 → 책 출판 과정을 배우는 행사가 아니다.
② 베스트셀러 작가가 자신의 새 책을 소개하다 → 베스트셀러 작가의 새 책을 홍보하는 글이 아니다.
④ 독서 모임에 가입하고 좋은 책을 읽으세요 → 독서 모임과 관련 없으며, 책을 '읽는' 것이 아니라 '쓰는' 것에 관한 안내문이다.

06

③

해설 글 후반부에서 참석자는 노트북 또는 공책과 연필을 지참해야 한다고 언급되므로, 노트북은 따로 제공되지 않는 것을 알 수 있다. 따라서 글의 내용과 일치하지 않는 것은 ③ '참가자에게 노트북이 제공된다.'이다.
① 베스트셀러 소설가에 의해 진행된다. → 글 초반부에서 언급된 내용이다.
② 20명이 선정되어 참석하게 된다. → 글 중반부에서 언급된 내용이다.
④ 등록비는 따로 없다. → 글 후반부에서 언급된 내용이다.

05-06

해석

작가가 되고자 하는 분들을 위한 글쓰기 워크숍

베스트셀러 소설가인 David Lamont가 작가가 되고자 하는 분들의 글쓰기 기술을 향상하기 위한 Words at Work이라는 워크숍을 개최할 예정입니다.

날짜: 11월 11일 목요일
시간: 오후 6:00 - 9:00
위치: 웨스트 헤이븐 커뮤니티 센터

신청 방법: www.westhavencc.org/lamont에서 온라인 양식을 작성하세요. 1,000단어 이하의 짧은 글 샘플을 반드시 포함하세요. 10월 20일까지 20명의 개인이 행사에 참석하는 데 선정되었음을 통지받을 것입니다.

워크숍 내용: Lamont 씨는 글쓰기 팁에 대해 논의하고 소설을 쓰는 방법에 대한 지침을 제공할 것입니다. 참가자는 간단한 글쓰기 세션에 참여하게 되며, 그들의 작품은 Lamont 씨에 의해 개인적으로 평가받을 것입니다.

필요한 자료: 참가자는 노트북 또는 공책과 연필을 지참해야 합니다.

비용: 이 강좌는 커뮤니티 센터의 익명 기부자로 인해 후원받는 것이므로 참가하는 데 비용이 들지 않습니다.

어휘 novelist 소설가 present 공개하다 at work 영향을 주는 aim ~을 목적으로 하다 refine 개선하다 notify 통지하다 guidance 지도 attendee 참가자 brief 간단한 personally 개인적으로 evaluate 평가하다 sponsor 후원하다 anonymous 익명의 publish 출판하다 aspiring 장차 ~이 되려는 sign up 등록하다

07

정답 ①

해설 협력은 인간의 기초 본능을 초월하는 것으로 보기 쉽지만, 사실 협력은 인간의 본능 그 자체라는 내용의 글이다. 인간은 본능적으로 타인을 도우며 협력을 구현한다고 설명하므로, 글의 요지로 가장 적절한 것은 ① '협력은 우리를 인간으로 만드는 본능이다.'이다.

② 협력은 유대가 긴밀한 집단 내에서만 볼 수 있다. → 직계 집단에 속하지 않는 사람들도 돕게 만든다고 언급되므로 적절하지 않다.

③ 협력은 태어난 후에야 습득되는 후천적인 능력이다. → 협력이 본능적인 것이라는 글의 내용과 반대되므로 적절하지 않다.

④ 협력은 보답받을 것으로 기대될 때 이루어진다. → 절대 보답받지 못할 때도 우리는 남을 돕는다고 했으므로 적절하지 않다.

해석 우리의 협력 능력을 불완전하게라도 인간이 우리의 더 기초적인 본능들을 초월해 왔다는 증거로 보는 것은 솔깃할 수 있다. 그러나 심리학자 Nichola Raihani는 그녀의 활발한 분석 연구에서 협력을 진화의 틀 안에서 새로운 맥락에 비추어 살펴본다. Raihani에 따르면, 협력은 "우리가 무엇을 하는지 뿐만 아니라, 우리가 '누구이고 무엇인지'에 관한" 것이다. 다세포적 존재로서, 우리는 말 그대로 협력을 구현한다. 개인으로서, 우리는 타인에게 끌린다. 우리를 유대가 긴밀한 가족 집단에서 살도록 이끄는 것과 동일한 본능이 우리를 우리의 도움이 절대 보답받지 못할 때마저 우리의 직계 집단에 속하지 않는 사람들을 돕게 만든다.

어휘 tempting 솔깃한 cooperate 협력하다 transcend 초월하다 instinct 본능 psychologist 심리학자 recontextualize 새로운 맥락에 비추어 살펴보다 framework 틀 multicellular 다세포의 literally 말 그대로 embody 구현하다 gravitate toward ~에 끌리다 tight-knit 유대가 긴밀한 immediate 가장 가까운, 직계의 circle 계, 집단 reward 보답하다

08

정답 ③

해설 개인별 주문식 운송 서비스 제공, 스마트폰에 계속 추가되는 새로운 기능, 스트리밍 서비스의 업데이트 등은 모두 끊임없이 향상하는 유동적인 서비스를 보여 주는 예시들이므로, 빈칸에 들어갈 말로 가장 적절한 것은 ③ '끊임없는 업그레이드'이다.

① 데이터 조작 → 글의 내용과 관련 없는 소재이다.

② 사생활 보호 → 계속되는 기술의 업그레이드에 관한 글로, 사생활 보호에 관한 내용은 언급되지 않았다.

④ 기술적 붕괴 → 기술이 향상되어 서비스가 개선되고 있다는 내용의 글이므로 반대되는 선지이다.

해석 과거에는 강철과 가죽으로 만들어졌던 고체 제품이 이제는 계속 업데이트되는 유동적인 서비스로 판매된다. 진입로에 주차된 당신의 고체 자동차는 자동차보다 더 빠르게 발전되고 있는, Uber, Lyft, Zip, Sidecar에서 제공하는 개별 주문형 교통 서비스로 탈바꿈했다. 과거에는 새로운 하드웨어가 필요했던 새로운 기능과 새로운 혜택이 추가되는 새로운 운영 체제가 알아서 스마트폰에 설치된다. 넷플릭스나 스포티파이와 같은 스트리밍 서비스는 새로운 디바이스의 필요 없이도 콘텐츠 라이브러리와 사용자 인터페이스를 지속적으로 업데이트한다. 이 끊임없는 업그레이드의 전체적인 연속은 지속적으로 이루어진다. 이는 우리의 만족할 줄 모르는 인간의 욕망, 즉 끊임없는 향상의 흐름을 위한 꿈의 실현이다.

어휘 solid 고체의 leather 가죽 fluid 유체의, 유동적인 driveway 진입로 on-demand 주문형의 transportation 운송, 교통 operating system 운영 체제 install 설치하다 sequence 연속, 연쇄 insatiable 만족할 줄 모르는 appetite 욕구 betterment 향상, 개선 manipulation 조작 perpetual 끊임없는

09

정답 ③

해설 주어진 글은 나뭇잎이 다 떨어지는 경우를 제시하며 많은 원예가가 이를 보고 놀란다고 서술한다. 주어진 문장 다음에는 그러나(But) 걱정할 필요는 없다고 말하면서 이는 나무가 수분을 유지하기 위한 방법이라고 이야기하는 (B)가 오는 것이 자연스럽다. 그다음으로는 이 방법을 This protective measure로 받아, 이것이 나무가 충격을 다루는 방식이라고 설명하는 (C)가 오고, 그러므로(So) 포기하지 말라며 기다리면 옮겨 심은 나무에서 새잎이 돋아날 것이라는 내용의 (A)가 마지막에 와야 한다. 따라서 글의 순서로 가장 적절한 것은 ③ '(B) - (C) - (A)'이다.

해석 가끔씩 (나무를) 옮겨 심은 이후에 어떤 나무들은 즉시 자신의 모든 잎을 떨어뜨리는데, 이는 많은 초보 원예가를 놀라게 하여 자책하게 만든다. (B) 그러나 걱정할 필요는 없다. 식물은 잎을 통해 많은 양의 수분을 잃기 때문에, 심어질 때 가능한 한 많은 물을 유지하기 위해서 잎을 떨어뜨린다. (C) 이러한 보호적인 조치는 나무가 심어지는 데서 받는 충격을 다루는 방식이다. 실제로, 어떤 원예가들은 나무를 옮겨 심을 때 과도한 증산 작용을 피하고자 일부러 일부 나무의 잎들을 모두 떼어 낸다. (A) 그러므로 나무를 포기하지 말라. 몇 주 후에, 혹은 겨울이라면 봄이 올 때까지 기다려야 하겠지만, 새로운 잎들이 돋아날 것이다.

어휘 occasionally 가끔 promptly 신속하게, 즉시 frighten 놀라게 하다 self-accusation 자책, 자신을 꾸짖음 sprout 싹이 트다, 나오다 moisture 수분 shed 떨어뜨리다 retain 유지[보유]하다 measure 조치 strip 벗기다, 떼어 버리다 excessive 과도한, 지나친 transpiration 증산작용

10

정답 ③

해설 이 글은 Einstein의 통일장 이론을 설명하고 있다. 글에 따르면 Einstein은 하나의 이론을 통해 우주와 자연을 설명하고, 우주 모든 것의 근본을 밝히고 싶어 했다. 따라서 글의 흐름상 가장 어색한 문장은 물리학의 기본적인 두 이론이 양립할 수 없었다는 내용의 ③이다. 참고로, ④는 우주의 역할을 설명하고 싶어 했던 Einstein의 얘기로 ②에서 언급된 우주의 단순한 기본 원리를 밝혀내려는 Einstein의 열정적 믿음과 자연스럽게 연결되므로 적절하다.

해석 Albert Einstein은 소위 통일장 이론, 즉 자연의 힘을 하나의 모든 것을 포괄하는 일관된 구조 안에서 묘사할 수 있는 이론을 끊임없이 추구했다. Einstein은 이런저런 실험 자료를 설명하려고 노력하는 과학적인 일과 관련된 것들에 동기를 부여받지 않았다. 대신에, 그는 우주에 대한 깊이 있는 이해가 진정한 경이로움, 즉 그것이 근거하고 있는 원리의 단순함과 힘을 밝혀낼 것이라는 열정적인 믿음에 이끌렸다. (Einstein의 공식에서처럼 물리학의 엄청난 진보의 기본이 되는 두 이론은 서로 양립할 수 없었다.) Einstein은 우주의 작용을 이전에는 결코 달성할 수 없었던 명료함으로 밝혀내어 사람들이 우주의 순전한 아름다움과 우아함을 존경할 수 있게 되기를 원했다. 그러나 그가 살아 있을 때, Einstein은 이러한 꿈을 결코 실현하지 못했는데 주로 많은 본질적인 물질의 특징과 자연의 힘이 알려지지 않았거나 기껏해야 미흡하게 이해됐기 때문이다.

어휘 unified field theory 통일장 이론 encompassing 포괄하는 coherent 일관된, 통일성 있는 framework 뼈대, 구조 motivate 동기를 부여하다 undertaking 일, 사업 be driven by ~에 이끌리다 passionate 열정적인 reveal 드러내다, 밝혀내다 simplicity 단순함 formulation 공식화, 형식화 underlying 기초가 되는 tremendous 엄청난, 무시무시한 mutually 서로, 상호 간에 incompatible 양립할 수 없는 illuminate 비추다, 분명히 하다 clarity 명료성, 명확성 sheer 순전한

01	③	02	②	03	③	04	③	05	②
06	③	07	③	08	②	09	④	10	③

01

정답 ③

해설 투지와 노력을 통해 소규모 사업을 큰 기업으로 탈바꿈시켰다는 맥락이 자연스러우므로, 빈칸에 들어갈 말로 가장 적절한 것은 ③ 'transformed (탈바꿈시키다)'이다.
① 끝내다 ② 축소하다 ④ 현대화하다

해석 그는 투지와 노력을 통해 그의 소규모 사업을 여러 지점을 둔 번창하는 기업으로 탈바꿈시켰다.

어휘 determination 투지 enterprise 기업

02

정답 ②

해설 'be committed to RVing'는 '~에 전념하다'라는 뜻의 구문이며, 이때 to는 전치사이므로 뒤에 (동)명사가 와야 한다. 또한 여기서 work는 부사 together의 수식을 받는, '일하다'라는 뜻의 1형식 자동사로 쓰이고 있으므로 수동태로 쓸 수 없다. 따라서 빈칸에 들어갈 말로 가장 적절한 것은 ② 'working'이다.

해석 그 팀은 연말까지 목표를 달성하고 프로젝트의 성공을 보장하기 위해 함께 노력하는 데 전념한다.

어휘 ensure 보장하다

03

정답 ③

해설 (date → dates) 문장의 주어는 The earliest verifiable published record, 즉 단수 명사인 record이므로 동사도 그에 수일치하여 단수 동사 dates back으로 쓰여야 한다.
① 선행사를 포함한 관계대명사 what이 전치사 of의 목적어 역할과 were의 주어 역할을 동시에 하고 있다.
② think는 5형식 동사로 쓰여 'think + O + (to be) + 형용사/명사'의 구조를 취할 수 있는데, 수동태로 전환하면 'be thought + (to be) + 형용사/명사' 형태가 된다. 여기서 they가 가리키는 것은 Fossil bones이며, 화석 뼈가 사람의 유해로 '여겨진' 것이므로 수동태로 적절히 쓰였다.
④ digging 이하는 a farmer를 수식하는 분사구인데, 타동사로 쓰인 dig 뒤에 목적어 a well이 있으며 농부가 우물을 '판' 것이므로 능동의 현재분사 digging은 적절하게 쓰였다.

해석 의심할 여지 없이 공룡인 것의 화석 뼈는 1700년대 후반에 최초로 발견되었지만 사람의 유해로 여겨졌다. 현존하는 공룡 유해에 대한 최초의 검증 가능한 기록은 1820년으로 거슬러 올라가는데, 그 기술된 뼈는 우물을 파던 한 농부에게 발견되었다.

어휘 undoubtedly 의심할 여지 없이 remains 유해 verifiable 검증할 수 있는 well 우물

04

정답 ③

해설 세미나 장소까지 같이 차를 타고 가기로 한 상황에서 A가 빈칸 내용을 언급하자 B는 그렇게 해준다면 고맙겠다고 말했다. 이에 A는 B에게 메신저에 정확한 집 주소를 남겨 달라고 했으므로, B를 데리러 갈 것을 제안했음을 알 수 있다. 따라서 빈칸에 들어갈 말로 가장 적절한 것은 ③ '아침 7시 정도에 데리러 갈게요.'이다.
① 누가 그곳까지 당신을 태워 주나요?
② 그곳은 꽤 독특한 위치예요.
④ 세미나 장소는 운전하기에 너무 멀어요.

해석 A: 안녕하세요 Karen, 세미나에는 어떻게 가실 계획인가요? 운전하실 건가요 아니면 기차를 타실 건가요?
B: 저는 운전할 생각이에요. 당신은요?
A: 저도요. 그럼 같이 타는 건 어때요?
B: 좋은 생각이네요.
A: 아직도 Conley 가에 사세요?
B: 네, 기억하시네요.
A: 물론이죠. 아침 7시 정도에 데리러 갈게요.
B: 오, 그러면 정말 감사하죠.
A: 별거 아니에요. 메신저로 정확한 주소를 보내 주세요.

어휘 appreciate 고마워하다 quite 꽤 unique 독특한 pick sb up ~을 (차로) 데리러 가다

05

정답 ②

해설 첫 문단에서 새벽 5시부터 시작되는 공사 소음에 고통받고 있음을 호소하며 이를 수습할 것을 촉구하고 있다. 따라서 글의 목적으로 가장 적절한 것은 ② '이른 아침의 공사장 소음에 대해 불평하려고'이다.

① 소음 관련 규정에 대해 문의하려고 → 소음 관련 규정은 기업이 이를 숙지하도록 해달라고 요청하기 위해 언급된 것이다.

③ 가족으로 인한 소음에 대한 이해를 구하려고 → 가정 소음으로 인한 불편에 대해 이해를 구하는 내용의 글이 아니다.

④ 현재 아파트 소음 지침을 수정할 것을 제안하려고 → 아파트가 아닌 공사장 소음에 관한 내용이며, 지침 수정을 요청한 적도 없다.

06

정답 ③

해설 맥락상 subjected는 '드러내놓다, 당하게 하다'라는 뜻으로 쓰였으므로, 이와 의미가 가장 가까운 것은 ③ 'exposed(노출시키다)'이다.

① 가르치다 ② 야기하다 ④ 통제하다

05-06

해석 수신: suggestions@bakerfieldcityhall.gov
발신: peterwest@madison.com
제목: 소음 문제
날짜: 8월 11일

관계자분께,

3일 전, 햄튼 길 55번지 부지에서 공사가 시작되었습니다. 유감스럽게도 그곳에 건설 중인 아파트 단지 공사는 매일 새벽 5시에 시작됩니다. 이 문제는 용납할 수 없으며 즉시 수습되어야 합니다.

저는 길 건너편에 있는 휘티어 아파트에 살고 있습니다. 제 집은 햄튼 길과 바로 마주 보고 있어서 저는 이른 아침부터 극심한 소음에 노출되어 있습니다. 저는 보통 오전 6시에 일어나지만, 아내와 아이들은 7시까지 일어나지 않습니다. 하지만 소음 때문에 그들은 수면 부족에 시달리고 있습니다.

시에서 공사 허가 시기를 제한하는 소음 규제가 있는 것으로 알고 있습니다. 공사를 진행하는 건설사 측이 해당 규정을 숙지하도록 해 주시고, 아침에 더 합리적인 시간대에 공사를 진행하도록 조치를 취해 주시기를 바랍니다.

안부를 전하며,

Peter West

어휘 construction 건설, 공사 lot 부지 complex (건물) 단지 unacceptable 용납할 수 없는 take care of ~을 수습하다 immediately 즉시 face 마주하다 suffer 시달리다 regulation 규제 restrict 제한하다 permit 허용하다 see to it that ~ 하도록 조치를 취하다 conduct 진행하다 reasonable 합리적인 inquire 문의하다 modify 수정하다

07

정답 ③

해설 직장에서 성공하는 사람이 되기 위해서는 보다 넓은 시야를 가지고 일하는 것이 바람직하다는 내용의 글이므로, 글의 제목으로 가장 적절한 것은 ③ '넓은 시야: 직장에서 성공하는 길'이다.

① 뒤로 물러서기보다는 솔선해라 → 주도적으로 일을 하라는 것이 아닌, 넓은 시야를 가지라는 것이 글의 핵심이다.

② 성공하기 위해서는 작은 것에 집중하라 → 오히려 더 큰 그림을 봐야 한다는 것이 글의 요지이므로 반대된다.

④ 유능한 직원: 회사의 핵심 요소 → 유능한 직원이 회사의 핵심이라는 점 자체를 강조하는 내용이기보다는 유능한 직원이 되기 위해 갖춰야 할 점에 관해 설명하는 글이다.

해석 꼭 필요한 사람이 된다는 것은 당신이 무엇을 생산해 내는지에 관한 것만큼 당신이 어떻게 일하는지에 관한 것일 수도 있다. 많은 직원들은 단일한 시각으로 그들의 일에 착수함으로써 그들이 바라는 인정을 받을 것이라 믿는다. 그들은 이것이 그들의 재능을 보여 주고 최고 관리자들에게 인상을 남길 최선의 결과를 만들어 내는 것을 도와주리라 믿으면서 레이저광선과 같은 초점을 가지고 의욕이 넘친다. 하지만 당신이 이렇게 할 때는, 중요한 무언가를 놓치고 있는 것이다. 좁은 초점은 당신이 있는 회사의 작은 구석에만 가치가 있는 편협한 결과를 만들어 내는 경향이 있다. 가장 성공적인 직원들은 오직 자신들의 일에만 초점을 맞추는 사람들이 아니다. 가장 성공적인 사람들은 그들의 업무가 회사와 회사의 미래에 가장 중요한 것과 조화를 이루도록 하면서 더 넓은 초점을 유지하는 사람들이다. 좁은 초점으로 이루어진 일은 보통 '전형적'이라고 무시되는 반면, 더 큰 그림을 볼 수 있는 렌즈를 통해 만들어 내는 것은 당신의 일을 실제보다 더 크게 보이도록 할 것이다.

어휘 indispensable 필수적인 recognition 인정 attack 착수하다, 공격하다 singular 단일의 optimal 최선의 solely 오직 in line with ~와 조화를 이루며 larger than life 실제보다 더 큰, 과장된 dismiss 묵살하다 typical 전형적인 initiative 솔선, 주도 competent 유능한

08

정답 ②

해설 우주로부터 오는 모든 신호 중에서 인공적인 소음과 자연에서 생겨나는 소음을 걸러내고 난 후에도 설명될 수 없는 전파가 발견된다면 그것이 외계 문명의 흔적임을 알 수 있다고 했다. 이는 곧 설명 가능한 전파를 제거하는 과정을 뜻하므로, 빈칸에 들어갈 말로 가장 적절한 것은 ② '제거'이다.

① 전통 → 소음을 걸러내는 작업이 전통과 어떤 관계인지는 글에 나와 있지 않다.

③ 통합 → 신호를 통합해야 한다는 설명은 언급되지 않았다.

④ 다양화 → 오히려 자연 및 인간활동과 관련된 신호를 걸러내어 단순화해야 하는 것이므로 반대된다.

해석 멀리 떨어져 있는 어떤 문명이 지구에 있는 생명의 흔적을 찾고 있다면, 우리를 찾는 가장 쉬운 방법은 우리가 지난 80년 동안에 우주로 누출해 온 전파로부터일 것이다. 만약 어떤 외계의 문화가 우리의 것과 유사하다면, 그것 또한 전파를 방출하고 있을지도 모른다. 그리고 그것들이 우리가 찾고 있는 것이다. 만약 우리가 그것들을 발견한다면, 그것들은 먼 생명체의 기술에 대한 증거일지도 모른다. 그러나 우리는 이 신호가 어떤 형태를 취하고 있을지 전혀 알지 못하므로, 제거의 과정을 통해 찾아야 한다. 우리는 매시간 3,000개 이상의 신호를 탐지해 명료화한 다음 인공위성, 항공기, 휴대 전화 송신 등의 인공적인 소음뿐만 아니라 자연에서 생겨나는 모든 소음을 걸러내야 한다. 자연적이거나 인간이 만든 신호로 설명될 수 없는 항성 간의 신호를 발견한다면, 그리고 발견할 때, 그것은 우리가 외계의 지성체를 발견했다는 것을 의미할 수 있을 것이다.

어휘 distant (거리가) 먼 leak 누출하다, 누설하다 extraterrestrial 외계의, 지구 밖의 emit 방출하다 detect 탐지하다 clarify 명료화하다 screen out 거르다 transmission 송신 interstellar 항성 간의

01	②	02	③	03	④	04	④	05	④
06	④	07	②	08	①	09	①	10	②

09

정답 ④

해설 주어진 문장은 동물의 뇌 속에서 그 도구들(The tools)은 신체 일부가 되었다는 내용으로, '그 도구들'이 지칭하는 것은 ④ 앞 문장의 the rakes and pliers임을 알 수 있다. ④ 앞 문장은 그 도구들이 원숭이의 손에 관한 뇌 지도에 통합되었다는 내용으로, 이 내용을 다시 쉽게 풀어 쓴 주어진 문장이 부연 설명으로서 뒤에 이어지는 것이 자연스럽다. 따라서 주어진 문장이 들어갈 위치로 가장 적절한 것은 ④이다.

해석 과학자들이 영장류와 다른 동물들에게 간단한 도구를 사용하도록 훈련을 시켰을 때, 그들은 그저 기술이 뇌에 얼마나 중대한 영향을 미칠 수 있는지를 발견했다. 예를 들어 원숭이는 갈퀴와 집게를 사용하여 그렇지 않다면(사용하지 않았다면) 손에 닿지 않았을 음식 조각을 잡는 법을 배웠다. 연구자들이 훈련 과정 내내 그 동물의 신경 활동을 관찰했을 때, 그들은 도구를 쥐는 손을 제어하는 것과 관련된 영역에서 상당한 성장을 발견했다. 그런데 그들은 훨씬 더 놀랄만한 것을 또한 발견했는데, 갈퀴와 집게가 실제로 동물 손의 뇌 지도에 통합되었다는 것이다. 동물의 뇌에 관한 한, 그 도구들은 신체의 일부가 된 것이다. 집게로 실험을 수행한 연구자들이 보고했듯이, 원숭이의 뇌는 "마치 그 집게가 이제 손가락인 것처럼" 행동하기 시작했다.

어휘 so far as ~하는 한 primate 영장류 profoundly 심오하게 rake 갈퀴 plier 집게, 펜치 take hold of ~을 잡다 monitor 관찰하다 neural 신경의 significant 상당한, 중대한 striking 놀랄만한 incorporate 통합시키다 conduct 수행하다

10

정답 ③

해설 6번째 문장에서 스터디룸은 도서관이 여는 날과 시간에 이용 가능하다고 언급되므로, 글의 내용과 일치하는 것은 ③ '스터디룸은 도서관 운영 시간 중에 이용 가능하다.'이다.
① 스터디룸은 온라인으로 예약할 수 있다. → 2, 3번째 문장에서 예약은 직접 방문해서 해야 하며 온라인 예약은 더 이상 허용되지 않는다고 언급되므로 옳지 않다.
② 예약을 위한 보증금은 필요하지 않다. → 4번째 문장에서 50달러의 보증금이 있다고 언급되므로 옳지 않다.
④ 스터디룸에서 다과가 제공될 수 있다. → 마지막 2번째 문장에서 스터디룸에 음식물을 반입할 수 없다고 언급되므로 옳지 않다.

해석 **제임스타운 도서관의 스터디룸 예약**
이용자들은 제임스타운 도서관에 있는 4개의 특별 학습실을 모두 예약할 수 있습니다. 예약은 도서관에 직접 방문해서 하셔야 합니다. 전화 및 온라인 예약은 더 이상 받지 않습니다. 스터디룸을 예약하는 개인은 50달러의 현금 보증금을 놓고 가야 합니다. 보증금은 룸을 사용한 후 문제가 발견되지 않을 시 반환됩니다. 스터디룸은 도서관이 문을 여는 날과 시간에 이용 가능합니다. 한 사람의 최대 예약 시간은 3시간입니다. 스터디룸에는 음식물을 반입할 수 없습니다. 시끄러운 소음이나 기타 문제로 불만이 제기되면 예약된 스터디룸 이용이 갑작스럽게 종료될 수 있습니다.

어휘 reserve 예약하다 patron 고객, 이용자 in person 직접, 몸소 booking 예약 deposit 보증금 detect 발견하다 complaint 불만 abrupt 갑작스러운 available 이용 가능한 refreshment 다과

01

정답 ②

해설 적응할 충분한 시간을 주기 위해서 새로운 정책은 천천히 도입되어야 했음을 추측할 수 있으므로, 빈칸에 들어갈 말로 가장 적절한 것은 ② 'gradually(점진적으로)'이다.
① 빠르게 ③ 정확하게 ④ 일시적으로

해석 직원들에게 부담을 느끼지 않고 적응할 수 있는 충분한 시간을 주기 위해서는 새로운 정책을 점진적으로 시행해야 했다.

어휘 policy 정책 implement 시행하다 adapt 적응하다 overwhelm 압도하다, 위축시키다

02

정답 ③

해설 (enhancing → enhanced) 5형식 동사로 쓰인 keep의 목적격 보어로 분사형 형용사가 오고 있는데, 타동사인 enhance 뒤에 목적어가 없으며 의미상으로도 보드 기술이 '증진시키는' 것이 아니라 '증진되는' 것이므로 수동의 과거분사 enhanced가 쓰여야 한다.
① one of 뒤에는 복수 명사가 와야 하므로 the best ways의 쓰임은 적절하다.
② even은 비교급을 강조할 수 있는 부사로 적절하게 쓰였다.
④ which는 a long downhill road without cross streets를 선행사로 받고 있으며, '전치사 + 관계대명사' 형태인 in which 뒤에 완전한 절이 온 것은 적절하다.

해석 스케이트보드를 타는 것은 눈이 없을 때 스노보드 타기를 대체할 가장 좋은 방법 중 하나이지만, 넘어졌을 때 아스팔트가 눈보다 훨씬 더 다치게 하는 경향이 있다. 안전한 환경을 제공하는 스케이트 공원을 이용하여 보드 기술을 증진시키거나, 기본 기술을 가장 잘 연습할 수 있는 교차로가 없는 긴 내리막길을 찾아보라.

어휘 replace 대체하다 asphalt 아스팔트 enhance 높이다, 증진시키다 downhill road 내리막길

03

정답 ④

해설 새 프로젝트의 진행 상황에 관한 대화를 나누던 중 빈칸 내용을 듣고 A가 시간이 얼마나 더 필요한지 물었으므로, B는 제때 프로젝트를 완료하지 못할 것이라는 말을 했음을 알 수 있다. 따라서 빈칸에 들어갈 말로 가장 적절한 것은 ④ '혹시 마감일을 연장할 수 있을까요?'이다.
① 그것은 완료되었고 전 그것을 보낼 준비가 되었습니다.
② 내일까지 그 프로젝트를 완료하셔야 합니다.
③ 그것에는 어떤 구체적인 세부 사항이 포함되어야 하나요?

해석 A: Alison, 새 프로젝트는 어떻게 진행되고 있나요?
B: 사실 당신과 논의하려던 참이었어요.
A: 무엇인가요?
B: 혹시 마감일을 연장할 수 있을까요?
A: 음. 시간이 얼마나 더 필요하죠?
B: 일주일 정도요.
A: 알았어요. 먼저 고객에게 연락해서 가능한지 알아볼게요. 가능하지 않다면 프로젝트를 제시간에 완료할 수 있는 어떤 방법을 찾아야겠네요.

어휘 come along (어떤 일이 어떻게) 되어 가다 figure out 알아내다 on time 제시간에 extend 연장하다

04

정답 ④

해설 빈칸 물음 뒤에서 Jenna는 Tiffany에게 지원금 신청 기한에 관해 알려 주고 있으므로, 빈칸에 들어갈 말로 가장 적절한 것은 ④ '지원금 신청에 기간 제한이 있나요'이다.
① 지원금 액수는 얼마인가요
② 고소득 부모에게도 적용되나요
③ 아이를 가지는 데 얼마나 걸리셨나요

해석 Jenna: 아기가 태어난 것을 축하해요! 아기 사진을 봤어요. 정말 사랑스러워요.
Tiffany: 고마워요. 아기가 있어 정말 축복이에요.
Jenna: 맞아요. 그나저나, 신생아 지원금은 신청하셨나요?
Tiffany: 아직요. 지원금 신청에 기간 제한이 있나요?
Jenna: 출생 후 60일 이내에 신청하지 않으면 지원금 일부를 놓칠 수 있어요.
Tiffany: 아, 바로 신청해야겠네요. 알려 주셔서 감사해요!

어휘 absolutely 극도로, 굉장히 adorable 사랑스러운 subsidy 지원금 miss out 놓치다

05

정답 ④

해설 세계 곳곳의 음식을 맛볼 수 있는 음식 박람회를 홍보하는 글이므로, 글의 제목으로 가장 적절한 것은 ④ '세계 각국의 음식을 맛보세요'이다.
① 음식 기부 활동: 자선 행사 → 자선 행사라는 내용은 글에 없다.
② 자신만의 시그니처 요리를 만드세요 → 직접 요리를 만드는 것이 아니다.
③ 최고의 셰프에게 비밀 조리법을 배우세요

06

정답 ④

해설 글 후반부에서 입장권은 정문에서만 구매할 수 있다고 언급되므로, 글의 내용과 일치하지 않는 것은 ④ '입장권은 전화 또는 온라인으로 구매할 수 있다.'이다.
① 올해 장소가 변경되었다. → 글 중반부에서 언급된 내용이다.
② 방문객들은 무료 시식을 즐길 수 있다. → 글 후반부에서 언급된 내용이다.
③ 모든 참가자는 동일한 요금을 지불해야 한다. → 글 후반부에서 언급된 내용이다.

05-06

해석

세계 각국의 음식을 맛보세요

컴벌랜드 마을은 봄에 여는 연례 국제 음식 박람회인 Food Galore를 개최한다는 소식을 알리게 되어 기쁩니다. 누구나 와서 군침 도는 모든 종류의 요리를 맛볼 수 있습니다.

작년에 이 축제는 센트럴 공원에서 열렸지만, 올해에는 재스퍼 마운틴 공원으로 장소를 옮깁니다. 행사는 4월 2일부터 4월 7일까지 개최되며 매일 오전 11시부터 오후 10시까지 열립니다.

유럽, 동남아시아, 중동의 음식을 제공하는 음식점을 포함한 수많은 현지 음식점이 축제에 참가할 예정입니다. 중앙아메리카, 카리브해 섬, 아프리카 등 다른 지역의 음식을 제공하는 노점상도 참가할 예정입니다. 방문객들은 수많은 맛있는 별미를 무료로 시식할 수 있는 기회를 갖게 될 것입니다.

입장권은 누구나 8달러이며 정문에서만 구매할 수 있습니다. 음식은 추가 요금으로 노점상에서 구매할 수 있습니다.

어휘 announce 알리다 host 주최하다 annual 연례의 mouthwatering 군침이 도는 dish 요리 local 현지의 sample 시식하다 delicacy 별미 available 구입할 수 있는 purchase 구매하다 additional 추가의 fee 요금 drive (조직적) 운동, 모금 운동 charity 자선 tasting 시식, 시음

07

정답 ②

해설 이 글은 저명인사들은 오직 들킨 이후에만 수동적인 목소리로 책임을 회피하고자 하는 사과를 한다고 지적한다. 글의 마지막 문장에서 그것은 사과가 아니라고 했으므로 글의 요지로 가장 적절한 것은 ② '흔히 저명인사의 사과는 진정성이 없다.'이다.

① 대중은 수동적인 목소리를 내면 안 된다. → '대중'이 아닌 '유명인'이 사과를 할 때 수동적인 목소리를 내면 안 되는 것이다.

③ 공인의 사과는 강력한 영향력을 지닌다. → 공인의 사과가 가진 영향력에 관해 서술하기보다는, 그것의 문제점을 지적하는 글이다.

④ 대중은 유명인의 실수에 민감하게 반응한다. → 글의 요지와 관계없는 내용이다.

해석 매일, 우리는 일종의 경솔한 행동에 대한 저명인사의 사과에 관한 소식을 접하게 된다. 대중의 주목을 받는 사람들은 쿠키 통에 손을 넣은 채 발각된(현장에서 들킨!) 이후에만 사과하는 유감스러운 경향이 있다. 이러한 일이 일어나면, 회의적인 대중이 "그들이 자신들의 행위에 대해 사과하고 있는 것일까, 아니면 단지 그들이 걸렸기 때문에 사과하는 것일까?"하고 궁금해하는 것은 지극히 당연하다. 설상가상으로, 그 잘못된 사람은 흔히 사과할 때, "내가 실수를 저질렀다"기보다는 "실수가 생겼다"라는 식으로 수동적인 목소리를 낼 것이다. 여기서는 수동적인 목소리를 내는 것이 더 편하지만, 그렇게 하는 것은 어떠한 개인적인 책임감도 저버리는 것이다. 그것은 사과가 아니며 그다지 큰 의미도 없다.

어휘 prominent figure 저명인사 indiscretion 경솔한 행동, 무분별함 unfortunate 유감스러운 tendency 경향 with one's hand in the cookie jar 현장에서 붙들려, 현행범으로 skeptical 회의적인, 의심 많은 wrongdoer 부정행위자 passive 수동적인 relinquish 포기하다 sincerity 진정성

08

정답 ①

해설 이 글은 원대한 꿈과 야망에 대한 생각에 사로잡히기보다는, 이를 이루기 위한 작고 지루한 단계에 집중해야 한다고 주장하고 있다. 성급하기보다는 차분히 작고 즉각적인 첫 단계를 밟고 나서 한 단계씩 나아가야 한다는 점을 강조하고 있으므로, 빈칸에 들어갈 말로 가장 적절한 것은 ① '작은 첫 단계를 밟는 것'이다.

② 현실을 압도하는 목표를 세우는 것 → 압도적인 목표는 이미 세워진 것으로 전제되어, 그에 가까워지는 방법을 알려 주고 있다.

③ 좋은 대의를 위해 우리 자신을 희생하는 것 → 희생과 관련된 내용은 언급된 바 없다.

④ 성급함과 안정성 사이의 균형을 유지하는 것 → 성급하지 말라는 내용의 글이며, 그 균형에 관한 언급 또한 없다.

해석 우리 중 상당수가 직면하는 문제는 우리가 원대한 꿈과 야망을 품고 있다는 것이다. 우리 꿈의 감정과 욕구의 광대함에 사로잡혀서, 우리는 그것을 달성하기 위해 주로 필수적인 작고 지루한 단계에 집중하는 것이 매우 어렵다고 느낀다. 우리는 목표를 향한 거대한 도약의 관점에서 생각하는 경향이 있다. 하지만 자연에서처럼 사회 세계에서도, 규모와 안정성이 있는 그 어떤 것도 모두 천천히 성장한다. 조금씩 행동하는 전략은 우리의 천성적인 성급함에 대한 완벽한 해독제이다. 이것은 작고 즉각적인 첫 단계, 그러고 나서 어떻게 어디에서 두 번째 단계가 우리를 궁극적인 목표에 더 가까워지게 할 수 있을지에 우리를 집중시킨다. 이것은 얼마나 작든지 간에 연결된 단계와 행동의 연속이라는 과정의 관점에서 우리를 생각하게 하고, 그것은 헤아릴 수 없을 만큼 많은 심리적 이점을 또한 지닌다. 너무나 자주 우리 욕망의 크기는 우리를 압도한다. 작은 첫 단계를 밟는 것은 그 욕망이 실현 가능한 것처럼 보이게 만든다. 행동보다 더 긴장을 푸는 데 도움이 되는 것은 없다.

어휘 ambition 야망 vastness 광대함 tedious 지루한, 싫증 나는 attain 이루다, 획득하다 leap 도약 stability 안정성 piecemeal 조금씩 하는 strategy 전략 antidote 해독제, 교정 수단 impatience 성급함, 조급 ultimate 궁극적인 objective 목표 sequence 연속적인 사건들 immeasurable 측정할 수 없는 psychological 심리학적인 magnitude 규모, 중요도 overwhelm 압도하다 therapeutic 긴장을 푸는 데 도움이 되는

09

정답 ①

해설 주어진 글에서 우리는 매일 복잡한 활동을 하고 있다고 하였으므로, 다음으로는 우리가 덜 복잡한(less complex) 활동도 한다는 (B)가 also로 연결되는 것이 자연스럽다. (B)의 마지막 문장에서는 축구나 체스 등의 행동을 할 수 없는 동물들이 언급되었는데, (A)에서 이 동물들을 they로 받아 그것들은 그래도(But) 기본적인 활동은 한다고 말한다. 마지막에는 (A)에서 제기한 의문을 this로 받아, 이와 같은 질문이 바로 행동 연구의 핵심이라는 내용의 (C)가 와야 한다. 따라서 글의 순서로 가장 적절한 것은 ① '(B) - (A) - (C)'이다.

해석 우리 모두는 매일 많은 종류의 복잡한 활동을 한다. 우리는 학교에 가고, 스포츠에 참여하고, 자동차를 운전하고, 때로는 갈등에 휘말리기도 한다. (B) 우리는 또한 먹고 자는 것과 같은 덜 복잡한 다른 활동도 한다. 반면에 벌레와 비슷한 신경계를 가진 동물은 체스는커녕 축구도 할 수 없다. (A) 하지만 그것들은 여전히 먹고 번식하는 것과 같은 일부 활동은 수행한다. 왜 어떤 활동은 모든 생물에게 공통적인 반면, 다른 더 복잡한 활동은 특정 종에만 국한되어 있을까? (C) 이와 같은 질문이 행동 연구의 핵심이다. 가장 단순하게는, 행동은 유기체의 행위, 즉 유기체가 행동하는 방식이다.

어휘 engage in ~에 참여하다 participate 참여하다 conflict 갈등 reproduce 번식하다 organism 유기체 nervous system 신경계

10

정답 ②

해설 비트코인 채굴의 정의와 그 과정에 관한 글로, 전 세계 채굴자들이 복잡한 수학 문제를 풀고 비트코인 한 블록을 보상받는 방식으로 블록체인 원장에 거래 기록을 추가한다는 내용이다. 따라서 글의 흐름상 어색한 문장은 비트코인 채굴의 문제점을 지적하는 ②이다.

해석 비트코인 채굴은 거래 기록을 디지털 방식으로 블록체인에 추가하는 과정을 가리키는데, 블록체인은 모든 비트코인 거래 내역을 담고 있는 공개 배포된 원장이다. 채굴은 막대한 연산 능력을 통해 실행되는 기록 보관 과정이다. 전 세계의 각 비트코인 채굴자는 결제 네트워크가 신뢰할 수 있고 안전하다는 것을 보장하기 위해 분산된 P2P 네트워크에 기여한다. (현재 비트코인 채굴은 작은 국가에 맞먹는 양의 에너지를 소모하고 있는데, 이는 실용적이지도 지속 가능하지도 않다.) 블록체인 원장에 안전히 추가하기 위해 비트코인 채굴 컴퓨터는 복잡한 수학 문제를 푼다. 답이 발견되면, 확인된 거래들의 최신 블록이 블록체인의 다음 링크로 추가된다. 채굴하고 네트워크에 기여하게 하는 장려책으로, 문제를 푼 채굴자는 비트코인 한 블록을 보상받는다.

어휘 mine 채굴하다 transaction 거래 distribute 분배하다 execute 실행하다 immense 막대한 decentralized 탈중앙화된, 분산된 peer-to-peer P2P(개인 컴퓨터끼리 직접 연결하여 파일을 공유하는 방식) trustworthy 신뢰할 수 있는 practical 실용적인 mathematical 수학의 incentive 장려책

01	①	02	②	03	④	04	②	05	①
06	④	07	④	08	④	09	③	10	③

01

정답 ①

해설 rather than에 유의했을 때, 새로운 방법을 실험하는 것과 반대되는 맥락이 빈칸에 와야 함을 알 수 있다. 따라서 빈칸에 들어갈 말로 가장 적절한 것은 ① 'familiar(익숙한)'이다.
② 유연한 ③ 혁신적인 ④ 효율적인

해석 우리는 새로운 방법을 실험하기보다는 우리에게 익숙한 방식으로 일하는 경향이 있다.

어휘 experiment 실험하다 method 방법

02

정답 ②

해설 ,(콤마) 앞에 완전한 문장이 오고 있으며 문장을 이어 줄 접속사가 없으므로, 빈칸 이하는 분사구문이 되어야 한다. 이때 타동사로 쓰인 leave 뒤에 목적어 some areas가 있으며, 분사구문의 의미상 주어인 High winds가 일부 지역을 접근이 없는 상태로 '둔' 것이므로 능동의 현재분사가 쓰여야 한다. 따라서 빈칸에 들어갈 말로 가장 적절한 것은 ② 'leaving'이다.

해석 어제 폭풍이 부는 동안 강풍이 나무를 쓰러뜨리고 도로를 차단하여, 일부 지역에 접근할 수 없게 했다.

어휘 knock down 때려눕히다 block 차단하다

03

정답 ④

해설 (closing → close) 맥락상 is의 보어로 세 개의 단어가 등위접속사 and를 통해 병렬되고 있는 구조이다. 이때 병렬 대상의 급은 동일해야 하므로 to 부정사인 to prevent, (to) mandate와 급이 동일하도록 동명사/현재분사 closing을 close로 고쳐야 한다. 참고로 to 부정사는 병렬 시 두 번째 병렬 대상부터는 to를 생략할 수 있다.
① regulating ~ of food는 Many laws를 수식하는 분사구인데, 타동사인 regulate 뒤에 목적어가 있으며 의미상으로도 법이 식품의 생산, 운송, 조리를 '규제하는' 것이므로 능동의 현재분사 regulating은 적절하게 쓰였다.
② 'keep + O + from RVing'는 'O가 ~하지 못하게 막다'라는 뜻의 구문이며, occur는 수동태로 쓸 수 없는 완전자동사이므로 from occurring의 쓰임은 적절하다.
③ its는 맥락상 앞서 나온 raw food를 가리키는 대명사이므로 단수로 수일치한 것은 적절하다.

해석 식품의 생산, 운송, 조리를 규제하는 많은 법들은 식중독이 발생하는 것을 막는 데 목적이 있는데, 즉 날 음식의 오염을 방지하고, 그것의 안전한 조리 및 보관을 의무화하고, 필요한 경우 관행을 따르지 않는 식당이나 식품 공급업체를 폐쇄하는 것이 그 목적이다.

어휘 regulate 규제하다 transport 운송 preparation 조리 foodborne illness 식중독 contamination 오염 mandate 명령하다, 의무화하다 storage 저장

04

정답 ②

해설 빈칸은 어떤 봉사를 맡게 되었냐는 A의 물음에 대한 답이다. 이 답을 들은 A는 B가 요리를 잘하니까 잘 맞을 것이라고 했으므로, B는 음식 준비와 관련된 내용을 말했음을 알 수 있다. 따라서 빈칸에 들어갈 말로 가장 적절한 것은 ② '난 식사 준비를 도울 거야'이다.
① 그곳은 주말에만 열어
③ 봉사를 시작한 지 이제 한 달밖에 안 됐어
④ 음식을 이곳저곳으로 배달할 거야

해석
A: 이번 주말에는 무슨 계획이 있니?
B: 난 자원봉사 할 예정이야. 너는?
A: 난 딱히 계획한 건 없어. 어디에서 봉사해?
B: 지역 커뮤니티 센터에서. 그곳은 노인들에게 무료 음식을 제공해.
A: 멋지다! 거기서 어떤 일을 하는 거야?
B: 난 식사 준비를 도울 거야.
A: 그렇구나. 넌 요리를 잘하니까 정말 잘 맞을 것 같다.

어휘 local 지역의 the elderly 노인들 fit 맞는 것 deliver 배달하다

05

정답 ①

해설 시민, 특히 청소년을 위해 글렌 메도우 지역에 커뮤니티 센터를 건립해 달라는 제안을 하고 있다. 따라서 글의 목적으로 가장 적절한 것은 ① '센터를 새로 짓는 것을 제안하려고'이다.
② 센터 운영 시간 연장을 부탁하려고 → 센터는 아직 지어지지 않은 상태이므로 적절하지 않다.
③ 센터 프로그램의 문제점을 지적하려고
④ 센터에서 하는 교육 봉사에 참여하려고 → 글에서 언급된 교육 봉사는 노인이 커뮤니티 센터에서 할 수 있는 역할을 제안한 것으로, 본인이 봉사에 참여하려는 의향은 나타내지 않았다.

06

정답 ④

해설 맥락상 runs는 '운영하다'라는 뜻으로 쓰였으므로, 이와 의미가 가장 가까운 것은 ④ 'operates(운영하다)'이다.
① 시작하다 ② 서두르다 ③ 연장하다

05-06

해석 수신: Candice Peters <cpeters@sussex.gov>
발신: George O'Leary <George_o@watkins.com>
제목: 커뮤니티 센터
날짜: 2월 11일

Peters 씨에게,

저는 Sussex Times의 기사를 읽고 귀하가 Sussex의 개발을 담당하고 계신다는 사실을 알게 되었습니다. 저는 글렌 메도우 지역에 새로운 커뮤니티 센터를 건립하는 것을 고려해 주실 것을 제안하고 싶습니다.

시에서 이미 이러한 센터를 여러 개 운영하는 것으로 알고 있지만, 글렌 메도우에는 아직 하나도 위치해 있지 않습니다. 이 지역에는 청소년 인구가 많지만, 방과 후와 주말에 할 일이 거의 없는 청소년이 많습니다. 커뮤니티 센터가 바로 이들이 필요한 것입니다.

시에서 커뮤니티 센터를 건립하면 지역 청소년들이 모임을 하고, 스포츠를 즐기고, 수업을 들으며 자신을 발전시킬 수 있는 공간을 갖게 될 것입니다. 일에 관심 있는 노인들은 특정 주제에 대한 가르침을 줌으로써 자신도 바쁘게 지낼 수 있습니다.

제 제안을 검토해 주시고 제가 도울 수 있는 일이 있으면 알려 주세요.

진심을 다해,

George O'Leary

어휘 article 기사 in charge of ~을 담당하는 require 필요로 하다 senior 노령의 instruction 가르침, 지도 occupied 바쁜

07

정답 ④

해설 이 글은 정원에 토종 식물을 키우는 것은 자연을 흉내 내는 것에 불과하며 가장 생태학적으로 정원을 이용하는 방법은 해바라기나 과수 등을 심어 사람의 식량원으로 활용하는 것이라고 했으므로, 글의 주제로 가장 적절한 것은 ④ '당신의 식량을 위해 정원에 식물을 키우는 것'이다.
① 환경을 위해 더 적은 음식을 소비하는 것의 중요성 → 환경을 위해 우리가 먹는 음식량을 줄여야 한다는 내용은 언급된 바 없다.
② 다양성 공급원으로서의 야생 토종 식물의 사용 → '야생'이 아닌 '정원'에 관한 글이며, 토종 식물이 정원을 다양하게 해준다고 언급되긴 하나, 글의 핵심은 그것을 식량원으로 활용하는 것에 있으므로 적절하지 않다.
③ 천연 풍경을 보존해야 할 필요성 → 글의 주제와 관련 없는 내용이다.

해석 정원에 토종 식물을 키우는 것이 삽시간에 유행하고 있다. 토종 식물은 종종 새와 벌이나 나비와 같은 수분을 매개하는 곤충들을 더 많이 끌어들여 정원을 더욱 다양하게 해준다. 그러나 외딴 도시의 안마당에서 천연 풍경을 흉내 내는 것만으로는 잃어버린 천연 서식지를 만회하는 데 큰 도움이 되지는 않는다. 그러면 당신의 정원을 가장 생태학적으로 활용하는 방법은 무엇인가? 가장 첫 번째로는 자신의 식량을 위해 재배하는 것이다. 새, 나비, 벌을 위해 심어 놓은 것이 당신과 당신의 가족에게도 먹을 것이 되지 않을 이유는 없다. 해바라기는 종종 '자연이 주는 새 모이통'이라고 불리지만 기름이 풍부한 씨앗을 당신도 나눠 먹을 만큼 충분히 심을 수도 있다. 정원에 있는 많은 과수는 새를 먹일 뿐만 아니라 당신에게도 식량을 제공할 수 있다.

어휘 native plant 토종 식물 catch on 유행하다 like wildfire 삽시간에 pollinator 수분(授粉) 매개체 diversity 다양성 landscape 풍경 isolated 고립된, 외딴 urban 도시의 make up for 만회하다, 보상하다 habitat 서식지 ecological 생태학적인 preserve 보존하다

08

정답 ④

해설 Serendip의 세 왕자가 우연히 즐거운 것들을 발견했다는 이야기와 찾고 있던 음반을 우연히 발견하는 예에서 serendipity가 의미하는 바를 알 수 있으므로, 빈칸에 들어갈 말로 가장 적절한 것은 ④ '운 좋은 뜻밖의 발견'이다.
① 이국적인 휴가
② 계산된 결과 → 오히려 계산되지 않은 뜻밖의 발견을 뜻하는 용어이므로 반대된다.
③ 혼란의 상태 → 보물을 찾아 나섰지만 실패한 것과 낯선 도시에서 길을 헤맨 것을 '혼란의 상태'로 볼 여지는 있으나, 이 글의 핵심은 그 상황에서 의도치 않게 좋은 발견을 했다는 것이므로 적절하지 않다.

해석 위대한 보물을 찾아 떠났던 Ceylon 섬의 세 왕자에 대해 전해지는 고대 설화 하나가 있다. 그들은 찾고자 했던 것을 결코 발견하지는 못했지만 도중에 자신이 결코 기대하지 않았던 즐거운 일에 의해 끊임없이 놀랐다. 그들은 어떤 것을 찾다가 다른 것을 발견했다. Ceylon의 원래 이름은 Serendip이었고 그것은 'Serendip의 세 왕자'라는 이 이야기의 제목을 설명해 준다. 그것으로부터 Walpole은 <u>운 좋은 뜻밖의 발견</u>을 뜻하는 'serendipity'라는 단어를 만들어 냈다. 예를 들어, 당신이 낯선 도시에서 길을 잃고 헤매다가 비를 피하기 위해 음반 가게로 들어가 그저 시간을 보내기 위해 앨범들을 훌훌 넘기기 시작하다가 당신이 몇 년 동안 찾고 있던 바로 그 음반을 우연히 발견한다고 가정해 보자. 이것은 운 좋은 뜻밖의 발견을 하는 경험일 것이다.

어휘 ancient 고대의 set out 출발하다, 떠나다 pursuit 추구 delight 즐거운 일 anticipate 기대하다 coin (신조어를) 만들다 wander 방황하다 flip (책장 등을) 훌훌 넘기다 stumble upon 우연히 만나다 exotic 이국적인

09

정답 ③

해설 윤리관으로서 느림을 중시하는 켈란테 사람들에 관한 글로, 주어진 문장은 '그것(It)'이 그들의 행동 규칙인 'budi bahasa'를 도외시하는 태도를 보여 준다는 내용이다. 이처럼 규칙에 반하는 내용이 언급되는 것은 ③ 앞 문장부터이므로, ③에 주어진 문장이 들어가 also로 It(Any hint of rushing)이 나타내는 또 다른 의미가 제시되는 맥락이 자연스럽다. 또한 ③ 뒤 문장의 them은 주어진 문장의 social obligations를 가리키므로, 주어진 문장이 들어갈 위치로 가장 적절한 것은 ③이다.

해석 말레이반도의 켈란테족은 느림을 중시하는데, 이는 옳고 그름에 대한 자신들의 신념에 깊이 뿌리박혀있다. 서두름은 윤리 위반으로 간주된다. 켈란테 사람들은 'budi bahasa', 즉 '인격의 언어'라고 알려진 적절한 행동에 대한 일련의 규칙에 의해 판단된다. 이 윤리 규범의 핵심에는 사회적 의무와 친구, 친척, 이웃을 방문하고 경의를 표하는 데 기꺼이 시간을 내겠다는 마음이 있다. 조금이라도 서두르는 기미는 탐욕과 물질적 소유물에 대한 지나친 관심을 나타낸다. 그것은 또한 'budi bahasa'의 사회적 의무에 대한 무책임한 관심 부족을 나타낸다. 그것들을 위반하는 사람들은 마을의 기본 가치관을 위협하는 것으로 간주되어 험담의 대상이 된다. 그들은 덜 고상한 사람으로 여겨지며, 흔히 무언가를 숨기려 한다는 의심을 받는다.

어휘 obligation 의무 peninsula 반도 embedded 뿌리박힌, 내재된 haste 서두름 violation 위반 ethics 윤리 code 규범 willingness 기꺼이 하는 마음 relative 친척 hint 기미 rush 서두르다 greed 탐욕 possessions 소유물 gossip about ~에 대해 험담하다 refined 품위 있는, 세련된 suspect 의심하다

10

정답 ③

해설 3번째 문장에서 역사적 '주택'의 보존을 담당한다고 언급될 뿐, 옛길에 관한 내용은 없으므로 글의 내용과 일치하지 않는 것은 ③ '역사적 의의가 있는 옛길을 보존한다.'이다.
① 20세기에 설립되었다. → 첫 문장에서 언급된 내용이다.
② 역사 박물관의 운영을 관리한다. → 2번째 문장에서 언급된 내용이다.
④ 방문객을 위한 마을 투어를 주최한다. → 마지막 문장에서 언급된 내용이다.

해석 매디슨 역사 협회
1957년에 설립된 매디슨 역사 협회는 1796년 정착민들이 설립한 매디슨 마을의 역사적 유산을 홍보하는 데 전념합니다. 이 협회는 이 마을 초창기의 수많은 역사적 유물을 소장하고 있는 매디슨 역사 박물관을 관리합니다. 또한 잰슨 하우스, 머피 하우스, 애버나시 하우스 등 마을에 있는 여러 역사적 주택의 보존을 담당합니다. 이 협회는 일 년 내내 마을과 그 유서 깊은 역사를 기념하는 특별 행사를 개최합니다. 마지막으로, 이 협회는 다른 곳에서 방문하는 개인과 단체를 위해 마을과 그곳의 역사적 관심 장소의 투어를 조직합니다.

어휘 found 설립하다 dedicate 전념하다 promote 홍보하다 legacy 유산 establish 설립하다 settler 정착민 numerous 수많은 artifact 유물 preservation 보존 hold 개최하다 celebrate 기념하다 storied 유서 깊은, 유명한 organize 주최하다 operation 운영 significance 중요성, 의의 host 주최하다

01	②	02	④	03	②	04	①	05	④
06	④	07	④	08	②	09	③	10	③

01

정답 ②

해설 Sharon은 늦게 도착했으므로 회의의 대부분을 듣지 못했을 것이며, so 이하에서 그녀가 동료들에게 회의 내용을 물어보았다고 언급되므로 회의는 지연되거나 취소되지 않고 그대로 진행되었을 것이다. 따라서 빈칸에 들어갈 말로 가장 적절한 것은 ② 'missed(놓치다)'이다.
① 주도하다 ③ 참석하다 ④ 취소하다

해석 Sharon은 늦게 도착했기 때문에 회의의 대부분을 놓쳐서 동료들에게 논의된 내용을 요약해 달라고 요청해야 했다.

어휘 coworker 직장 동료 summary 요약

02

정답 ④

해설 고민할 시간을 충분히 가지지 않아 나중에 후회하는 결정은 충동적이라고 말할 수 있으므로, 빈칸에 들어갈 말로 가장 적절한 것은 ④ 'impulsive (충동적인)'이다.
① 지연된 ② 실용적인 ③ 사려 깊은

해석 처음에 충분히 생각해 보지도 않고 입어 보지 않은 채 그 드레스를 구매한 충동적인 결정은 후회로 이어졌다.

어휘 think through ~을 충분히 생각해 보다 try on ~을 입어 보다 regret 후회

03

정답 ②

해설 (was made → made) bracelet과 she 사이에는 목적격 관계대명사가 생략되어 있어 뒤에는 목적어가 없는 불완전한 절이 와야 하며, 그녀가 소뿔 팔찌를 '만든' 것이므로 수동태가 아닌 능동태로 써야 한다.
① 'used to RV'는 '~하곤 했다'라는 뜻의 구문으로 문맥상 옳게 쓰였다. '~하기 위해 사용되다'라는 뜻인 'be used to RV'와 '~하는 데 익숙하다'라는 뜻인 'be used to RVing'와의 구분에 유의해야 한다.
③ approach는 전치사 없이 목적어를 바로 취하는 완전타동사로 적절하게 쓰였다.
④ 선행사를 포함한 관계대명사 what이 전치사 on의 목적어 역할과 say의 목적어 역할을 동시에 하고 있다.

해석 Helen Britton은 어릴 적 버려진 물건들로 장신구를 만들곤 했는데, 12살 때 만든 소뿔 팔찌를 아직도 가지고 있다. Britton은 이제 자신이 말하고자 하는 바에 따라 장신구, 조각, 그림 등 창작물의 형태를 구분하지 않고 작업에 착수한다.

어휘 discard 버리다 horn 뿔 bracelet 팔찌 distinguish 구별하다 sculpture 조각(품)

04

정답 ①

해설 바인힐 커뮤니티 센터가 온라인 등록 일정을 안내한 이후에 David가 빈칸 내용을 물어보았다. 이에 바인힐 커뮤니티 센터는 그것 '또한' 가능하다고 했으며, 신분증을 지참하라고 했으므로, David는 직접 와서 등록하는 것에 관해 물었음을 알 수 있다. 따라서 빈칸에 들어갈 말로 가장 적절한 것은 ① '그 대신 직접 등록할 수도 있나요'이다.
② 주민 요금은 얼마인가요
③ 초보자를 위한 수영 강습인가요
④ 강습이 언제 시작하는지 알려 주실 수 있나요

해석 David: 안녕하세요. 화요일과 목요일 오후 8시 수영 강습을 신청하고 싶습니다.
바인힐 커뮤니티 센터: 안녕하세요, 바인힐 지역 주민이신가요?
David: 네, 맞아요.
바인힐 커뮤니티 센터: 좋습니다. 온라인 등록은 내일 오전 9시에 시작됩니다.
David: 그 대신 직접 등록할 수도 있나요?
바인힐 커뮤니티 센터: 그것도 가능합니다. 내일 아침에 신분증을 지참하는 것만 잊지 마세요.

어휘 sign up for ~에 등록하다 resident 주민 registration 등록

05

정답 ④

해설 글 서두에서 돕슨 고등학교가 주최하는 달리기 행사를 소개하며, 그 목적이 학술 동아리를 위한 기금 마련이라고 설명하고 있다. 따라서 글의 제목으로 가장 적절한 것은 ④ '달리며 학교를 위한 기금을 마련해 주세요'이다.
① 특별한 마라톤에 자원봉사자로 참여하세요 → 자원봉사자를 구하는 글이 아니다.
② 더 나은 다이어트 결과를 위해 경주에 참가하세요 → 달리기 행사의 목적은 체중 감량이 아닌 기금 마련이다.
③ 시에서 다양한 스포츠 행사를 개최합니다 → 시가 아닌 고등학교가 주최하는 것이며, 다양한 스포츠가 아닌 달리기에 한정된 행사이다.

06

정답 ④

해설 글 후반부에서 15달러라는 등록비를 안내하고 있으므로, 글의 내용과 일치하지 않는 것은 ④ '경주에 참가하기 위한 비용은 없다.'이다.
① 한 고등학교가 주최하는 행사이다. → 글 초반부에서 언급된 내용이다.
② 등록은 경주 한 시간 전에 시작된다. → 글 중반부에서 언급된 내용이다.
③ 경주는 같은 장소에서 시작하고 끝난다. → 글 중반부에서 언급된 내용이다.

05-06

해석

달리며 학교를 위한 기금을 마련해 주세요

5월 25일 토요일에 5K Fun Run이 개최된다는 소식을 알리게 되어 기쁩니다. 돕슨 고등학교는 학교 내 학술 동아리를 위한 기금을 마련하기 위해 이 행사를 주최합니다. 모든 수익금은 클럽 시설을 개선하고 클럽 회원들의 현장 학습 비용을 지불하는 데 사용됩니다.

5K Fun Run은 오전 8시에 경주 등록과 함께 시작됩니다. 경주 자체는 오전 9시에 시작하여 마지막 주자가 결승선을 통과할 때 종료됩니다. 경주는 돕슨 고등학교에서 시작하고 끝납니다.

등록비는 15달러입니다. 참가자에게는 5K Fun Run 티셔츠가 제공됩니다. 코스에 나란히 배치되어 물을 나눠 주고 주자를 안내하는 자원봉사자들이 가까이 있을 것입니다.

기부금은 소득 공제가 가능하며, 경주 현장에서 또는 www.dobsonhigh.com/5kfunrun에서 온라인으로 기부 가능합니다.

어휘 announce 알리다 hold 개최하다 host 주최하다 raise funds 기금을 모으다 proceeds 수익금 facility 시설 registration 등록 entrant 출전자, 참가자 alongside 나란히 pass out 나눠주다 tax-deductible 소득 공제가 되는 a range of 다양한

07

정답 ④

해설 동일한 대상을 두고서도 개별적인 과거 경험의 영향으로 인해 그에 대한 인식 차이가 존재한다는 내용의 글이다. 글의 첫 문장과 as a result가 나온 마지막 문장이 이 글의 요지로, 각자가 동일한 경험에 서로 다른 의미를 부여하는 것은 개인이 가진 각기 다른 배경 때문임을 설명하고 있다. 따라서 글의 요지로 가장 적절한 것은 ④ '과거의 경험은 동일한 일을 다르게 인식되게 한다.'이다.

① 견해 차이는 대화를 통해 해결할 수 있다. → 견해 차이가 존재한다는 내용은 언급되나, 그 차이를 좁히기 위한 방법을 소개하고 있지는 않다.

② 우정은 공유된 경험과 감정을 요구한다. → 우정을 쌓기 위해 필요한 조건에 관해 서술하는 글이 아니며, 친구에 관한 내용은 하나의 예시로서 언급되었을 뿐이다.

③ 진정한 의사소통은 솔직한 표현을 통해 이루어진다. → 솔직해져야 할 필요성에 관한 내용은 언급된 바 없다.

해석 인간 의사소통의 가장 중요한 측면 중 하나는 과거의 경험이 당신의 행동에 영향을 미치리라는 것이다. 당신이 친구와 어떤 일에 대해 의논하기 시작할 때조차, 당신은 인식의 차이가 존재한다는 것을 곧 발견할 것이다. 당신이 지루하다고 생각하는 것을 당신의 친구들은 재미있다고 생각할지도 모른다. 당신이 무의미하다고 생각하는 것을 그들은 의미 있게 생각할 수도 있다. 당신이 받는 메시지는 당신 각자에게 같을지도 모른다. 그러나 각자 고유한 성격과 배경을 가지고 있기 때문에 각자는 다양한 감정과 기분을 경험하게 된다. 당신은 그 일에 서로 다른 배경을 가져와서, 결과적으로, 공유된 경험에 각자 다른 의미를 부여한다.

어휘 affect 영향을 끼치다 discuss 토론하다 discover 발견하다 difference 차이 perception 인식, 인지 pointless 무의미한 meaningful 의미 있는 sensation 기분 unique 고유한 background 배경 attribute ~으로 여기다

08

정답 ②

해설 글에서 소개된 실험에 따르면, 사람들은 처음에 40개의 임의적인 단어를 들었던 환경에 다시 놓였을 때 그 단어들을 기억해 내는 능력이 더 향상되었다. 따라서 빈칸에 들어갈 말로 가장 적절한 것은 ② '일치하다'이다.

① 영향을 주다 → '환경 간의' 상호 작용이 아닌, '환경과 기억력 간의' 상호 작용을 설명하는 글이다.

③ 재정의하다

④ 대조를 이루다 → 대조를 이룬 것이 아니라 일치한 것이므로 반대된다.

해석 인지심리학에서 행해졌던 가장 특이한 실험 중 하나에서, 마른 해변에 서 있던 사람들의 뇌 기능이, 약 10피트 정도의 물속에 있던 사람들의 뇌 기능과 비교되었다. 두 집단은 누군가가 40개의 임의적인 단어를 말하는 것을 들었다. 그러고 나서 그들은 단어 목록을 암기해 내는 능력 테스트를 받았다. 물속에 있는 동안 단어를 들은 집단은 해변에 있을 경우보다 똑같은 10피트 물속으로 돌아가서 단어를 기억해 내도록 요청받았을 경우에 15% 더 좋은 점수를 받았다. 해변에서 단어를 들었던 집단은 10피트의 물속에 있을 경우보다 해변에서 단어를 기억해 내라는 요청을 받았을 경우에 15% 더 좋은 점수를 받았다. 기억을 떠올리는 환경이 처음 정보를 학습한 환경과 일치할 때 기억력이 가장 잘 작동하는 것으로 나타났다.

어휘 cognitive 인지의 psychology 심리학 float 뜨다 random 무작위의 recall 기억해 내다; 회상, 상기

09

정답 ③

해설 주어진 글은 주변 세계에 대한 아이들의 초기 이해 발달에 관한 내용으로, 이를 Those initial understandings로 받아 이에 관해 부연한 후에 때로는 그것이 정확하다고 말하는 (C)가 이어져야 한다. 다음으로, But을 통해 문맥을 반전시켜 때로는 그 이해(they)에는 결함이 있다고 이야기하며 한 가지 예시를 드는 (A)가 와야 한다. 마지막으로, (A)의 oversimplifications를 these misconceptions로 받으며 이 글이 궁극적으로 말하고자 하는 바를 then을 통해 나타내는 (B)가 오는 것이 자연스럽다. 따라서 글의 순서로 가장 적절한 것은 ③ '(C) - (A) - (B)'이다.

해석 아이들은 아주 어린 나이부터 주변 세계에 대한 정교한 이해를 발달시키기 시작한다. (C) 이러한 초기 이해는 새로운 개념과 정보를 통합하는 데 강력한 영향을 미칠 수 있다. 때로는 이러한 이해가 정확하여 새로운 지식을 쌓기 위한 토대를 제공하기도 한다. (A) 하지만 때로는 그것들에는 결함이 있다. 예를 들어, 그들의 선입견은 역사를 선한 이들과 악한 이들의 싸움으로 보는 것과 같이 지나친 단순화를 포함할 수 있다. (B) 그렇다면 효과적인 교육의 중요한 특징은 이러한 오해를 해결하기 위해 초기 이해에 이의를 제기할 기회를 제공하는 것일 것이다.

어휘 sophisticated 정교한 flawed 결함 있는 preconception 선입견 oversimplification 지나친 단순화 critical 중요한 address 해결하다 misconception 오해 integration 통합 accurate 정확한 foundation 토대

10

정답 ③

해설 해당 지역사회와 환경을 존중하는 생태관광의 특성과 그 형세에 관한 글이다. 생태관광에 대한 설명이 계속해서 이어지는 와중에, 생태관광의 긍정적인 면에 관한 ②에 대한 예시를 부정적인 내용으로 드는 ③으로 인해 모순이 생기는 것을 알 수 있다. 따라서 글의 흐름상 어색한 문장은 ③이다.

해석 더 많은 지역사회가 외국인 여행객의 방문에 개방적으로 되면서 배낭 여행객들 사이에서 '생태관광'이라는 새로운 의식이 확산되고 있다. 생태관광은 핵심적으로 여행하는 동안의 지역 사회와 환경에 대한 존중이다. 이것은 책임감 있는 여행 관행과 환경 영향 최소화를 강조한다. (예를 들어, 다른 형태의 관광과 마찬가지로 생태관광도 관광객과 지역 사회 구성원 간의 마찰을 초래할 수 있다.) 지속 가능성에 대한 관심이 높아지면서 생태관광은 점차 주목을 받고 있으며, 현재 전 세계 여러 나라에서 인정받고 있다. 생태관광은 현재 전 세계 관광 시장의 약 15~20%를 차지하고 있으며, 이 비율은 계속해서 증가하고 있다.

어휘 consciousness 의식 backpacker 배낭 여행객 ecotourism 생태관광 emphasize 강조하다 practice 관행 friction 마찰 sustainability 지속 가능성 gradually 점차 recognize 인정하다 make up 구성하다

01	②	02	②	03	③	04	①	05	④
06	③	07	④	08	③	09	②	10	④

01

정답 ②

해설 물리 치료를 받은 후 선수는 이전에 해왔던 훈련을 다시 시작할 수 있었을 것이므로, 빈칸에는 이와 관련된 표현이 와야 한다. 따라서 빈칸에 들어갈 말로 가장 적절한 것은 ② 'resume(재개하다)'이다.
① 멈추다 ③ 예측하다 ④ 희생하다

해석 물리 치료를 하며 몇 달을 보낸 이후, 그 운동선수는 완전히 회복하여 마침내 이전의 훈련 루틴을 재개할 수 있었다.

어휘 physical therapy 물리 치료 athlete 운동선수 recover 회복하다

02

정답 ②

해설 맥락상 문장의 동사는 had이고 it이 목적어이므로, 빈칸에는 사역동사로 쓰인 have의 목적격 보어가 와야 한다. 사역동사 have는 목적어와 목적격 보어의 관계가 능동이면 RV를, 수동이면 p.p.를 목적격 보어로 취하는데, 여기서는 타동사인 replace 뒤에 목적어가 없고 it이 가리키는 a broken wrench가 (새것으로) '교체되는' 것이므로 수동을 나타내는 과거분사가 쓰여야 한다. 따라서 빈칸에 들어갈 말로 가장 적절한 것은 ② 'replaced'이다.

해석 고장 난 렌치를 작업에 사용하던 정비공은 최근 그것을 완전히 사용할 수 없게 되자 교체했다.

어휘 mechanic 정비공 wrench 렌치

03

정답 ③

해설 (has → have) has undergone은 주격 관계대명사 that이 이끄는 절의 동사인데, 선행사가 복수 명사인 lizards이므로 그에 수일치하여 복수 동사인 have undergone이 되어야 한다. 참고로 over the course of evolution이라는 기간을 나타내는 부사구가 있으므로 현재완료시제가 쓰인 것은 적절하다.
① 분사구문에서 타동사인 classify 뒤에 목적어가 없으며, 의미상 주어인 snakes가 유린목으로 '분류하는' 것이 아니라 '분류되는' 것이므로 수동의 과거분사 Classified는 적절하게 쓰였다.
② lizards를 선행사로 받는 주격 관계대명사 that이 주어가 없는 불완전한 절을 이끌고 있는 것은 적절하다.
④ 네 개의 단어가 'A뿐만 아니라 B도'라는 뜻의 상관접속사 'B as well as A'를 통해 병렬되고 있는데, 병렬 대상의 급이 모두 동일하게 명사이므로 loss의 쓰임은 적절하다.

해석 도마뱀과 함께 유린목(비늘 있는 파충류)으로 분류되는 뱀은 진화 과정에서 분화뿐만 아니라 구조적 축소, 단순화, 상실도 겪은 도마뱀을 대표한다.

어휘 classify 분류하다 lizard 도마뱀 order (동식물 분류상의) 목 scaled 비늘이 있는 reptile 파충류 represent 대표하다 undergo 겪다 reduction 축소 simplification 단순화 specialization 분화

04

정답 ①

해설 빈칸 내용을 들은 A는 항상 그렇지는 않다고 말하며 무료 상담 서비스에 대해 소개하고 있으므로, 빈칸에서 B는 비용적인 측면에서 상담을 받기 꺼리는 이유를 이야기했음을 알 수 있다. 따라서 빈칸에 들어갈 말로 가장 적절한 것은 ① '아니, 상담은 비용이 많이 든다고 들었어'이다.
② 아니, 지금은 상담을 원하지 않아
③ 응, 시에서 제공하는 상담 서비스를 이용하고 있어
④ 응, 다른 증상들도 있었어

해석 A: Lana, 무슨 일이야? 요즘 우울해 보여.
B: 이유는 모르겠지만 우울한 기분이 들어. 꽤 심각해지고 있어.
A: 상담이 도움이 될 수도 있을 것 같아. 고려해 봤어?
B: 아니, 상담은 비용이 많이 든다고 들었어.
A: 항상 그렇지는 않아. 시에서는 모든 시민에게 한 달에 한 번 무료 상담을 제공해. 나도 실제로 이용해 봤는데 매우 만족스러웠어.
B: 정말? 나도 그 서비스를 이용하고 싶다.
A: 시 홈페이지에서 참여 상담소 목록을 확인할 수 있어. 내가 링크를 보내 줄게.

어휘 depressed 우울한 pretty 꽤 counseling (심리) 상담 be the case 사실이 그러하다 symptom 증상

05

정답 ④

해설 첫 문단에서 의료 클리닉에서 기다려야 했던 시간에 대해 불쾌감을 표한 뒤에 그 상황을 설명하며 계속해서 불만을 이야기하고 있다. 따라서 글의 목적으로 가장 적절한 것은 ④ '긴 대기 시간에 대한 불만을 표하려고'이다.
① 진료를 예약하려고 → 이미 진료가 끝난 상황이다.
② 의료 보험에 관해 문의하려고 → 의료 보험에 대한 내용은 언급되지 않았다.
③ 진료비에 관한 문제를 제기하려고 → 진료비가 아닌, 대기 시간에 관한 문제를 제기하는 글이다.

06

정답 ③

해설 맥락상 left는 '남은'이라는 뜻으로 쓰였으므로, 이와 의미가 가장 가까운 것은 ③ 'remaining(남은)'이다.
① 긴장이 풀린 ② 떠나는 ④ 접근된

05-06

해석 수신: Justin Goode <justing@hopewellhealthclinic.org>
발신: Irene Taylor <irene_taylor@brandis.com>
제목: 호프웰 진료소
날짜: 12월 15일

Goode 씨에게,

저는 어제 호프웰 진료소에 환자로 방문했습니다. 저는 제가 기다려야 했던 시간에 대한 극도의 불쾌감을 표하고자 합니다.

저는 가기 전에 진료소에 전화하여 예약에 대해 문의했습니다. 저는 예약은 불필요하며 그곳에서 지역 주민은 무료로 진료받을 수 있다는 답변을 들었습니다. 그래서 저는 오후 2시에 도착했습니다.

대기실에는 사람이 거의 없었지만 3시간 넘게 기다린 끝에야 의사를 만날 수 있었습니다. 저 혼자만 남았을 때도 바로 의사를 만나지 못했습니다. 이러한 지연은 의료 환경에서 기대할 신뢰와 효율성을 저해합니다. 다시는 이런 일이 일어나지 않기를 바랍니다.

유감을 전하며,

Irene Taylor

어휘 patient 환자 extreme 극도의 displeasure 불쾌감, 불만 force ~하게 만들다 inquire 문의하다 unnecessary 불필요한 local 지역의 resident 주민 treat 치료하다 delay 지연 undermine 저해하다 efficiency 효율성

07

정답 ④

해설 이 글은 영국과 영국의 식민지 사이의 갈등이 일어나게 된 계기에 대해 설명하고 있다. 영국은 프렌치 인디언 전쟁 이후에 막대한 빚을 떠안았고, 이를 조금이나마 해결하기 위해 식민지에 부과한 세금이 갈등의 원인이라고 언급되었다. 따라서 글의 주제로 가장 적절한 것은 ④ '영국과 영국 식민지 사이의 갈등의 배경'이다.
① 영국이 프렌치 인디언 전쟁에 개입하게 된 계기 → 이 전쟁으로 인한 빚 때문에 영국과 아메리카 식민지 간의 갈등이 생겼다는 내용의 글로, 이 전쟁에 어떻게 참여하게 되었는지에 관한 내용은 언급되지 않았다.
② 영국의 자국 식민지에 대한 불간섭 정책 → 오히려 세금을 부과하는 등 간섭하기 시작했기 때문에 전쟁이 벌어진 것이므로 반대된다.
③ 프렌치 인디언 전쟁에서 아메리카 식민지의 역할 → 프렌치 인디언 전쟁에서 아메리카 식민지가 어떤 역할을 했는지에 대해서는 언급되지 않았다.

해석 17세기와 18세기의 대부분 동안, 영국과 영국의 북아메리카 식민지 사이의 관계는 견고하고, 탄탄하고, 평화로웠다. 하지만, 이 평온함과 번영의 시기는 지속될 수 없었다. 영국은 프렌치 인디언 전쟁 이후 막대한 부채를 떠안게 되었다. 그래서 적어도 일부 재정적 부담을 덜기 위한 수단으로써, 영국은 아메리카 식민지들이 그들의 몫을 떠맡을 것을 기대했다. 1763년부터 영국은 아메리카 식민지에 세금을 부과하기 위한 일련의 의회 법안을 제정했다. 영국이 프렌치 인디언 전쟁에서 식민지들을 방어에 나섰던 것을 고려한다면 그것은(영국이 내린 조치는) 겉보기에 합리적인 행동 방침이었지만, 많은 식민지 주민들은 세금 부과에 대해 격분했다. 1775년에 이르러 갈등이 최고조에 달했고 협상이 계속 실패하자 양측은 전쟁을 준비했다.

어휘 colony 식민지 tranquility 평온함 prosperity 번영 amass 축적하다 alleviate 덜다, 완화하다 bear 떠맡다, 감당하다 share 몫 institute 제정하다 parliamentary 의회의 act 법안 seemingly 겉보기에는 outrage 격분하게 하다 levy 부과하다

08

정답 ③

해설 과학과 관련된 문제가 우리 삶에 직접적으로 와닿을 정도로 우리에게 중요해진 만큼, 이에 관한 논쟁을 이해할 수 있어야 한다고 주장하는 글이다. 이는 곧 과학에 대한 지식을 쌓아야 함을 의미하므로, 빈칸에 들어갈 말로 가장 적절한 것은 ③ '과학적인 지식이 있다'이다.
① 정치적인 의견을 가지다
② 윤리적으로 책임을 지다 → 과학적 지식을 쌓는 것을 윤리적 책임으로 볼 수는 없다.
④ 편향되지 않은 관점을 가지다 → 중립적인 태도를 취하라는 내용은 언급된 바 없다.

해석 앞으로 다음 며칠 안에 어느 순간 당신은 신문을 들고 '줄기세포의 주요 발전 보고' 또는 '지구 온난화의 새로운 이론 제안'과 같은 헤드라인을 보게 될 것이다. 이 헤드라인에 이어지는 이야기들이 중요할 것이다. 그것들은 당신의 삶에 직접적으로 영향을 미치는 문제들, 즉 당신이 대중적인 담론에 참여하고자 할 경우 의견을 형성해야 할 문제를 다룰 것이다. 그 어느 때보다도, 세계 기후 변화에서부터 인공지능의 발달에 이르기까지 과학적이고 기술적인 문제들이 지배한다. 이러한 논쟁을 이해할 수 있는 것은 읽을 수 있는 것만큼이나 당신에게 중요해지고 있다. 당신은 <u>과학적인 지식이 있어야</u> 한다.

어휘 advance 발전 stem cell 줄기세포 deal with ~을 다루다 take part in ~에 참여하다 public 일반인[대중]의 discourse 담론 dominate 지배하다 debate 논쟁 ethically 윤리적으로 literate 지식이 있는 unbiased 편견 없는

09

정답 ②

해설 주어진 문장 앞에는 they가 가리키는 대상이 와야 하며, 'other'가 언급된 것을 보아, 어떠한 감각에 관한 설명이 앞에 나와야 한다. 또한 주어진 문장 뒤에는 다른 감각(other senses)의 발달에 관한 내용이 이어져야 한다. ② 앞에서 빛의 특성에 의해 해양 동물은 시각에만 의존할 수는 없다고 했으므로, 다른 감각들을 이 대신(Instead) 발달시켰다는 주어진 문장이 뒤에 온 뒤, 청각 발달에 관한 내용이 이후에 이어지는 것이 자연스럽다. 따라서 주어진 문장이 들어갈 위치로 가장 적절한 것은 ②이다.

해석 심해에서는 빛이 빠르게 약해져 수중 영역은 거의 암흑에 가까워진다. 이는 바닷속에서는 빛이 흡수되거나 산란되기 전까지 수백 미터밖에 이동하지 못하기 때문이다. 빛은 바다에서 비교적 짧은 거리를 이동하기 때문에 해양 동물은 시각에만 의존할 수 없다. <u>대신 이들은 다른 감각을 발달시켜 놀라운 적응을 이끌어 냈다.</u> 예를 들어 돌고래와 고래는 뛰어난 청각에 의존하여 수중 환경을 탐색하고 번성한다. 이들은 정교한 반향 위치 측정 시스템을 사용하여 딸깍 소리를 내고 반사되는 반향을 해석하여 소리로 '보는' 방법을 사용한다. 소리는 또한 복잡한 발성을 통해 의사소통, 협력, 심지어 구애 의식을 촉진하며 사회생활에서 중요한 역할을 한다.

어휘 remarkable 놀라운 adaptation 적응력 diminish 약해지다 rapidly 빠르게 realm 영역 absorb 흡수하다 scatter 산란하다 relatively 비교적 solely 오직 exceptional 뛰어난 navigate 탐색하다 thrive 번성하다 sophisticated 정교한 echolocation 반향 위치 측정 emit 내다, 내뿜다 click 딸깍 소리 interpret 해석하다 echo 반향 vocalization 발성 facilitate 촉진하다 cooperation 협력 courtship 구애 ritual 의식

10

정답 ④

해설 마지막 문장에서 미국의 일부 주에서는 탄소 배출권 거래를 채택하는 것을 꺼리고 있다고 언급되므로, 글의 내용과 일치하는 것은 ④ '미국의 일부 주에서는 탄소 배출권 거래를 완전히 도입하지 않았다.'이다.
① 탄소 배출권 거래는 화석 연료의 직접적인 거래를 수반한다. → 2번째 문장에서 거래 대상은 화석 연료가 아닌 초과 배출권임을 알 수 있으므로 옳지 않다.
② 탄소 배출권 거래는 대부분 국가 간에 이루어진다. → 3번째 문장에서 대부분의 거래는 국가 내에서 이루어지고 있다고 언급되므로 옳지 않다.
③ EU ETS는 1990년대 후반에 설립되었다. → 4번째 문장에서 1990년대 후반에 도입된 것은 탄소 배출권 거래에 대한 개념이며, EU ETS는 2005년에 시작된 것을 알 수 있으므로 옳지 않다.

해석 탄소 배출권 거래는 지역 내 총배출량에 상한선을 설정하여 온실가스 배출을 줄이기 위한 시장 기반 접근 방식이다. 탄소 배출권 거래에서 기업은 특정한 이산화탄소 배출량에 대한 허가권을 받고 할당된 양보다 적게 배출할 경우 초과 허가권을 판매할 수 있다. 국제 탄소 배출권 거래 시장도 논의되고 있지만, 현재 대부분의 거래는 국가 내에서 이루어지고 있다. 이 개념은 1990년대 후반에 도입되었으며, 2005년에 유럽연합 배출권 거래제(EU ETS)가 최초의 주요 시행(사례)으로서 시작되었다. 그 이후로 많은 선진국에서 배출량을 줄이기 위해 탄소 배출권 거래를 도입했다. 그러나 인도와 중국과 같은 주요 배출국과 심지어 미국의 일부 주에서도 배출량을 관리하고 경제 성장을 지원하기 위한 다른 방법에 초점을 맞추면서 이 방식을 채택하는 것을 꺼려 왔다.

어휘 carbon trading 탄소 배출권 거래 approach 접근 방식 cap 상한선 emission 배출 permit 허가 excess 초과[여분]의 allot 할당하다 domestically 국내에서 launch 시작하다 implementation 시행 adopt 채택하다 fossil fuel 화석 연료 establish 설립하다

01	②	02	④	03	③	04	①	05	④
06	④	07	②	08	④	09	③	10	③

01

정답 ②

해설 부족이 외부 세계 및 문명과 단절된 채 외딴섬에 살았다는 것은 외부로부터 고립되어 있었음을 뜻한다. 따라서 빈칸에 들어갈 말로 가장 적절한 것은 ② 'isolated(고립된)'이다.
① 침략당한 ③ 양극화된 ④ 발전된

해석 그 부족은 외부 세계에 접근할 수 없는 외딴섬에 살면서 문명과 단절되었기에 완전히 고립되어 있었다.

어휘 remote 외딴 cut off 차단하다, 끊다 civilization 문명

02

정답 ④

해설 (fully prepares → is fully prepared) 문맥상 that절 내의 주어인 the building이 완전히 '준비하는' 것이 아니라 '준비되는' 것이므로 수동태인 is fully prepared로 쓰여야 한다.
① given은 '~을 고려하면'이라는 뜻의 분사형 전치사로, 뒤에 명사구 the tight schedule을 목적어로 취하고 있는 것은 적절하다.
② by는 동작의 완료, until은 동작의 지속을 나타내는 표현과 함께 사용된다. 여기서는 동작의 완료를 나타내는 finish가 있으므로 by의 쓰임은 적절하다.
③ allow가 5형식 동사로 쓰이면 목적격 보어로 to 부정사를 취하는데, 여기서는 목적어인 any necessary adjustments가 '행하는' 것이 아니라 '행해지는' 것이므로 수동형 부정사 to be made는 적절하게 쓰였다.

해석 촉박한 일정을 고려하면 그 도급업체는 8월 중순까지 모든 주요 공사를 완료해야 하는데, 이는 개업 전 필요한 조정이 이루어질 수 있게 하여, 그 건물이 완전히 준비되고 모든 안전 및 설계 표준을 충족하도록 보장한다.

어휘 contractor 도급업체 construction 공사 adjustment 조정 grand opening 개업, 개점

03

정답 ③

해설 서울 시민만 책을 대출할 수 있기 때문에 자신은 대출할 수 없다는 B의 말에 A가 빈칸 내용을 언급한다. 이에 B가 고맙다고 말하고 있으므로, 빈칸에 들어갈 말로 가장 적절한 것은 ③ '나는 등록되어 있으니 내가 대신 빌려줄 수 있어.'이다.
① 나도 서울 시민이 아니야.
② 어떤 책을 읽고 싶었어?
④ 아쉽게도 더 이상 책을 연장하실 수 없습니다.

해석 A: 안녕, Chris. 도서관에는 무슨 일로 왔어?
B: 책을 대출하려고 왔는데 안 되네.
A: 왜 안 돼?
B: 서울 시민이어야 회원으로 등록할 수 있고, 회원만 여기서 책을 빌릴 수 있어서.
A: 나는 등록되어 있으니 내가 대신 빌려줄 수 있어.
B: 진짜? 정말 친절하다. 고마워!

어휘 check out (책을) 대출하다 resident 주민 register 등록하다 renew 연장하다

04

정답 ①

해설 Paul이 빈칸 내용을 언급하자 Janet은 어떤 고객을 초대하는지 설명하고 있다. 따라서 빈칸에 들어갈 말로 가장 적절한 것은 ① '어떤 고객이 추가되나요'이다.
② 누가 고객을 추가하라고 지시했나요
③ 왜 워크숍에 참석 안 하시나요
④ 왜 고객이 사전에 추가되지 않았나요

해석 Paul: 워크숍 초대장은 발송하셨나요?
Janet: 아니요, 아직 명단을 작성 중이에요.
Paul: 명단은 이미 만들어져 있지 않나요?
Janet: 저희 고객 일부를 추가하라는 지시를 받아서요.
Paul: 어떤 고객이 추가되나요?
Janet: 추가 초대장은 주요 고객, 즉 S등급 고객들에게 발송될 예정이에요.
Paul: 그렇군요. 도움이 필요하시면 여기 제가 있어요.

어휘 attend 참석하다 beforehand 사전에, 미리

05

정답 ④

해설 시에서 주최하는 불꽃놀이와 이에 앞서 진행하는 여러 행사를 안내하는 글이므로, 글의 제목으로 가장 적절한 것은 ④ '불꽃놀이와 다양한 행사를 즐기세요'이다.

① 국제 불꽃놀이 경연대회 → 국제적인 행사라는 말은 언급되지 않았으며, 경연대회 또한 아니므로 적절하지 않다.

② 여러 공연자들의 음악 축제 → 음악 축제가 포함되긴 하나, 이는 불꽃놀이에 앞서 하는 여러 행사 중 하나에 불과하므로 지엽적이다.

③ 공원에서 자신만의 불꽃놀이를 밝히세요 → 사람들이 직접 불꽃놀이를 하는 것이 아니므로 적절하지 않다.

06

정답 ④

해설 글 후반부에서 주민들은 직접 음식을 가져올 수 있다고 언급되므로, 글의 내용과 일치하지 않는 것은 ④ '방문객은 다과를 반입할 수 없다.'이다.

① 리버사이드 공원은 가장 좋은 불꽃놀이 경치를 선사한다. → 글 초반부에서 언급된 내용이다.

② 불꽃놀이는 30분 동안 진행될 예정이다. → 글 초반부에서 언급된 내용이다.

③ 공원에서는 춤 공연이 펼쳐진다. → 글 중반부에서 언급된 내용이다.

05-06

해석

불꽃놀이와 다양한 행사를 즐기세요

다음 주, 시에서 독립기념일을 기념하는 불꽃놀이 공연을 개최할 예정입니다. 불꽃놀이는 도시 전역에서 볼 수 있지만 가장 잘 보이는 곳은 리버사이드 공원입니다.

날짜: 8월 15일
시간: 오후 9:00~9:30
장소: 리버사이드 공원

공연에 앞서 공원에서 다양한 종류의 행사가 펼쳐집니다. 여기에는 춤 공연과 더 스트라이더스의 음악 콘서트가 포함됩니다. 시장 및 기타 지역 인사들의 연설도 예정되어 있습니다. 축제 행사는 정오에 시작하여 불꽃놀이가 시작될 때까지 계속됩니다.

주민들은 공연을 즐기기 위해 언제든지 도착해도 좋습니다. 주민들은 직접 음식을 가져오거나 현장에 위치한 노점에서 음식과 음료를 구매할 수 있습니다. 입장권이나 예약은 필요하지 않습니다. 좌석이 준비되어 있지 않으니 담요나 기타 편안하게 앉을 수 있는 물품을 가져올 것을 기억하세요.

어휘 put on 상연하다 fireworks 불꽃놀이 celebrate 기념하다 entire 전체의 prior to ~에 앞서 speech 연설 dignitary 고위 공직자 festivity 축제 행사 last 계속되다 resident 주민 beverage 음료 vendor 노점 reservation 예약 seating 좌석 blanket 담요 half an hour 30분 take place 개최되다 permit 허용하다 refreshments 다과, 음식물

07

정답 ②

해설 이 글은 유로화를 물가 상승의 원인으로 보는 그리스 내 유로 회의론에 대해 비판하고 있다. 글 중반부의 but 이하, 즉 물가 상승을 유로화 때문으로 보는 것은 잘못되었다는 주장이 이 글의 요지임을 알 수 있다. 또한 마지막 문장의 Therefore 이하에서 생활비 상승을 유로화 탓으로 돌리기보다는 더 광범위한 경제적 상황을 고려해야 한다고 말한 것에서 필자의 주장이 잘 요약된다. 따라서 글의 요지로 가장 적절한 것은 ② '그리스의 인플레이션은 단순히 유로화 때문이 아니다.'이다.

① 그리스의 시장 구조는 최근에야 복잡해졌다. → 그리스의 시장 구조의 복잡성을 논하는 글이 아니며, 인플레이션을 복잡성으로 보더라도 그것은 이전부터 존재해 왔다고 언급되므로 적절하지 않다.

③ 그리스 정부는 물가 안정을 위한 조치를 취해야 한다. → 그리스의 인플레이션이 심각함을 알 수 있으나, 이에 대한 정부 조치를 촉구하는 글은 아니다.

④ 유럽 연합 가입은 그리스 경제를 활성화했다. → 그리스의 인플레이션을 유럽 연합 가입 탓으로 돌리는 것을 비판할 뿐, 유럽 연합 가입으로 인해 그리스 경제가 활성화되었다고 주장하지는 않았다.

해석 그리스에서 높은 수준의 유로 회의론은 많은 오해들을 불러일으켰다. 사람들은 흔히 유럽의 단일 통화인 유로화의 출범이 그리스에서 생계비 상승을 초래했다고 여기고 있고, 이것은 유럽 연합에 대한 전체 여론에 영향을 미쳤다. 물가 상승은 의심할 여지가 없지만, 그것을 공동 화폐의 도입 탓으로 돌리는 것은 잘못됐다. 이는 첫째로 인플레이션이 유로화 채택 이전에도 존재했기 때문이고, 둘째로 이전에 그리스에서 사용되었던 통화인 드라크마가 여전히 통용된다면 오늘날 물가가 어떠할지 말할 수 없기 때문이다. 따라서 생활비 상승의 원인을 유로화 탓으로 돌리기보다는 보다 광범위한 경제 상황을 고려하는 것이 중요하다.

어휘 skepticism 회의론 launch 개시 currency 통화 overall 전체의 unquestionable 의심할 여지가 없는 in circulation 활동하고 있는, 통용되는 broad 광범위한 context 상황, 맥락 stabilize 안정화하다 boost 활성화하다

08

④

해설 코로나바이러스 대유행으로 인해 사람들은 오프라인에서 활동할 수 없어 온라인 세계로 몰려들게 되었다는 내용의 글이다. 빈칸 뒤에서 수많은 사람들이 온라인에 접속했으며 각종 SNS는 기록적인 로그인 숫자를 기록했다고 언급한 부분과, 오프라인 세계가 멈춤과 동시에 온라인 세계는 불이 붙었다고 말하는 마지막 문장으로 빈칸을 유추할 수 있다. 따라서 빈칸에 들어갈 말로 가장 적절한 것은 ④ '전 세계 글로벌 통신 시스템'이다.

① 악화되는 경제 위기 → 경제 위기에 대한 구체적인 언급은 없으므로 옳지 않다.

② 세계 각국의 의료진 → 의료진에 준 영향에 대해서는 언급되지 않았다.

③ 세계의 사회적, 정치적 상황 → 정치적 상황에 대한 구체적인 언급은 없으므로 적절하지 않다.

해석 2020년의 코로나바이러스 대유행은 '블랙 스완' 사건으로, 그 영향은 전 세계적으로 느껴졌다. 우리는 모두 우리가 어떻게 격리되었는지와 더 이상 볼 수 없었던 친척, 친구, 동료, 그리고 바이러스로 인한 엄청난 정신적, 육체적 압박에 어떻게 대처했는지를 기억한다. 그러나 코로나19의 또 다른 극적인 결과는 그것이 전 세계 글로벌 통신 시스템에 전달한 다소 갑작스러운 충격이었다. 바이러스가 인류를 거리에서 서둘러 끌어내 집으로 보내면서 온라인에 접속하려고 서두르는 수십억 명의 사람들을 노트북과 스마트폰으로 몰아갔다. 전 세계인들은 뉴스, 의료 정보, 사회적 지원, 인간관계 및 일자리를 간절히 원하며 페이스북, X(구 트위터), 왓츠앱, 인스타그램, 유튜브에 기록적인 숫자로 로그인했다. 오프라인 세계가 멈춘 날에 온라인 세계는 디지털 산불처럼 불이 붙었다.

어휘 pandemic 전국[전 세계]적인 유행병 black swan 블랙 스완(도저히 안 일어날 것 같은 일이 실제로 일어나는 현상) repercussion 영향 quarantine 격리하다 cope with ~에 대처하다 tremendous 엄청난 strain 압박 abrupt 갑작스러운 scurry 종종걸음치다, 급히 가다 rush 서두르다 desperate for ~을 간절히 원하는 still 정지한 ignite 불붙다

09

③

해설 주어진 글은 이민이 기존 집단과 새로운 집단 간의 마찰을 야기한다는 내용으로, 이러한 마찰을 this로 받아 그 원인 중 하나인 문화적 갈등에 관해 설명하는 (C)가 뒤에 이어져야 한다. 각자의 문화를 보존하려고 하므로 이러한 갈등이 발생한다는 내용의 (C)에 이어서는, 그렇기 때문에 (Consequently) 특히 문화적으로 다른 집단이 많이 유입되는 경우에 갈등이 심화한다고 말하는 (A)가 오는 것이 자연스럽다. 마지막으로, high levels of immigration을 such large-scale immigration으로 받으며 However를 통해 많은 유입이 있는 경우에는 문화적인 것보다 경제적인 이슈가 더 주된 갈등이 된다며 맥락을 전환하는 (B)가 와야 한다. 따라서 글의 순서로 가장 적절한 것은 ③ '(C) - (A) - (B)'이다.

해석 미국에서 이민은 기존 집단과 새로운 집단 간의 마찰로 자주 이어진다. (C) 때로 이는 문화적인 문제에 기반한다. 오래된 공동체는 자신의 지배적인 문화를 유지하고자 하는 반면, 새로 온 사람들은 자신의 정체성을 주장하고자 한다. (A) 따라서 문화적으로 뚜렷이 다른 집단으로부터의 높은 수준의 이민은 종종 긴장을 악화한다. (B) 그러나, 이러한 이민의 급증으로 인해 발생하는 주요 갈등은 문화적이기보다는 경제적이다. 기존 집단은 이민자들의 구직 활동을 자신의 고용 안정에 대한 위협으로 인식하는 경우가 많은데, 이는 깊은 사회경제적 분열을 초래한다.

어휘 immigration 이민 friction 마찰 established 기존의 distinct 뚜렷이 다른 exacerbate 악화하다 primary 주된 perceive 인식하다 job security 고용 안정 socioeconomic 사회경제적 be rooted in ~에 원인이 있다 long-standing 오래된 maintain 유지하다 dominant 지배적인 newcomer 새로 온 사람 assert 주장하다

10

③

해설 이 글은 '보답'을 사회적 규범 관점에서 기술하고 있다. 사회가 규정한 규칙에서 보답은 지속적인 거래와 교환의 발전을 가능하게 하는 긍정적 역할을 한다는 점을 강조하고 있다. 따라서 글의 흐름상 어색한 문장은 사람들이 보답하지 않는다는 경우가 많다는, 보답의 사회적 규범 및 그것의 긍정적인 기능에 관한 글의 설명과 동떨어진 내용의 ③이다.

해석 사회학자들에 따르면, 인간 문화에 있어 가장 널리 퍼지고 기본적인 규범들 중의 하나는 보답에 관한 규범에서 구현된다. 이 규칙은 다른 사람이 제공한 것을 동일하게 보답하도록 노력할 것을 요구한다. 보답에 대한 규칙은 어떤 행위를 받은 사람에게 장래에 보답할 의무를 부여함으로써, 한 사람이 그것을 잃고 있는 것이 아니라는 확신을 갖고서 무언가를 다른 이에게 줄 수 있게 해 준다. (사람들은 친절을 보답해야 한다는 것을 알고 있지만, 그렇게 하지 않는 경우가 많다.) 그 규칙 내 이러한 미래의 의무감은 사회에 유익한 다양한 종류의 지속적인 관계, 거래, 교환의 발전을 가능하게 한다. 그 결과, 사회의 모든 구성원은 어릴 때부터 그 규칙에 따르지 않으면 심한 사회적 비난을 받도록 교육받는다.

어휘 sociologist 사회학자 widespread 널리 퍼진 norm 규범 embody 구현[상징]하다 reciprocation 보답 in kind 동일한 것으로 obligate 의무를 지우다, 강요하다 recipient 받는 사람 transaction 거래 suffer 시달리다, 당하다 disapproval 비난

| 01 | ② | 02 | ③ | 03 | ③ | 04 | ③ | 05 | ② |
| 06 | ② | 07 | ② | 08 | ① | 09 | ③ | 10 | ④ |

01

정답 ②

해설 그 오류가 더 큰 문제들에 비해서 사소하게 느껴져 이를 무시했다는 맥락이 자연스러우므로, 빈칸에 들어갈 말로 가장 적절한 것은 ② 'trivial(사소한)'이다.
① 심각한 ③ 지속적인 ④ 귀중한

해석 그 관리자는 팀이 직면하고 있는 더 큰 문제들에 비해 그 오류가 <u>사소하다</u>고 느껴 이를 무시했다.

어휘 face 직면하다

02

정답 ③

해설 빈칸은 문장의 동사 자리이며, 문장의 주어는 Each of the nonprofit organizations이다. 대명사 each가 주어로 쓰이는 경우 'each + of + 복수 명사 + 단수 동사'의 구조를 취하므로 빈칸에는 단수 동사가 와야 한다. 참고로 '~와 함께'라는 뜻의 전치사구 along with 이하는 동사의 수에 영향을 주지 않는다. 따라서 빈칸에 들어갈 말로 가장 적절한 것은 ③ 'is operating'이다.

해석 각 비영리 단체는 수많은 기부자들과 함께 지역 사회의 필요를 해결하기 위해 활동하고 있다.

어휘 nonprofit 비영리적인 donor 기부자 operate 일하다 address 해결하다

03

정답 ③

해설 (calm → calmly) how가 간접의문문을 이끄는 의문사로 쓰이는 경우, how의 수식을 받는 형용사나 부사는 모두 앞으로 가고 주어와 동사는 평서문 어순을 따른다. 그런데 여기서는 맥락상 '차분하게' 대처했다는 의미가 되도록 동사 handled를 수식하는 부사가 와야 하므로, 형용사 calm을 부사 calmly로 고쳐야 한다.
① 준사역동사 get은 목적어와 목적격 보어의 관계가 능동이면 to RV를, 수동이면 p.p.를 목적격 보어로 취하는데, 여기서는 타동사로 쓰인 illuminate 뒤에 목적어 the way가 있고 의미상으로도 손전등이 길을 '비춘' 것이므로 to illuminate는 적절하게 쓰였다.
② 5형식 동사로 쓰인 find가 목적격 보어로 분사형 형용사를 취하고 있는데, 그가 '놀라게 한' 것이 아니라 '놀란' 것이므로 수동의 과거분사 amazed는 적절하게 쓰였다.
④ such는 'such + a(n) + 형용사 + 명사'의 어순을 취하므로 such an extreme situation의 쓰임은 적절하다.

해석 그는 작은 손전등으로 겨우 길을 비출 수 있을 뿐이었지만, 자신이 이런 극한 상황에 얼마나 침착하게 대처하는지에 놀랐다.

어휘 flashlight 손전등 barely 간신히 illuminate 비추다

04

정답 ③

해설 B가 언급한 한식 수업에 관심을 보이는 A가 빈칸 내용을 물어보았다. 이에 B는 그 수업의 구성에 대해 자세하게 알려 주고 있으므로, 빈칸에 들어갈 말로 가장 적절한 것은 ③ '그 수업은 어떻게 구성되어 있어'이다.
① 그거 어떻게 신청해
② 수업은 언제 열려
④ 참가비는 얼마야

해석 A: 안녕, 휴대전화로 뭐해?
B: 시에서 운영하는 한식 요리 수업에 등록하려고.
A: 재미있겠다. <u>그 수업은 어떻게 구성되어 있어?</u>
B: 이 수업은 여러 한식 요리법을 다루고 유명한 셰프와 함께하는 요리 실습을 제공하기도 해.
A: 너무 좋다. 나도 신청하고 싶어.
B: 좋아. 같이 가자. 링크를 보내 줄게.

어휘 run 운영하다 cover 다루다 hands-on 직접 해 보는, 실습의 consist of ~으로 구성되다 participation fee 참가비

05

정답 ②

해설 첫 문단에서 어제 개최된 세미나를 칭찬한 이후 그 연설자가 좋았던 점을 구체적으로 서술하고 있으므로, 글의 목적으로 가장 적절한 것은 ② '최근에 있었던 연설을 칭찬하려고'이다.

① Wilson 씨와의 미팅을 요청하려고

③ 다가오는 강연 일정에 대해 문의하려고 → 앞으로의 강연이 기대된다고 했을 뿐, 강연 일정을 물어보지는 않았다.

④ 개인적인 경험에 관해 이야기하는 것에 자원하려고 → 연설자가 자신의 경험과 관련된 이야기를 해서 좋았다고만 했을 뿐, 직접 자신의 이야기를 나누고 싶다고 하지는 않았다.

06

정답 ②

해설 맥락상 case는 '경우'라는 뜻으로 쓰였으므로, 이와 의미가 가장 가까운 것은 ② 'situation(상황, 경우)'이다.

① 사실 ③ 논쟁 ④ 상자

05-06

해석 수신: Ken Clayborne <kenc@portsmouthcc.org>

발신: Sally Hart <sallyhart@mwr.com>

제목: 특별한 행사

날짜: 10월 21일

친애하는 Clayborne 씨에게,

저는 어제 커뮤니티 센터에서 열린 세미나에 참석해서 좋은 시간을 보냈습니다. 그 세미나는 교육적이면서 동시에 재미있었습니다.

연설자 Daniel Wilson은 청중의 주의를 계속해서 끄는 능력이 뛰어났습니다. 제 경우에는 그가 제 개인적인 관심사 및 도전과 직접적으로 연관된 통찰력을 나누면서 개인 차원에서 그와 소통할 수 있었습니다. 그의 강연에 대한 유일한 불만은 그것이 너무 짧았다는 것입니다. 저는 몇 시간 동안 그가 말하는 것을 들을 수도 있었을 것입니다.

그의 전문성과 매력적인 스타일의 조합은 세미나를 정말 기억에 남는 경험으로 만들었습니다. 다음 행사도 벌써 기대가 되며 그에 못지않게 강렬했으면 좋겠습니다.

감사합니다,

Sally Hart

어휘 attend 참석하다 simultaneously 동시에 entertaining 재미있는 insight 통찰력 directly 직접적으로 complaint 불만 combination 조합 engaging 매력적인 look forward to ~을 기대하다 impactful 강렬한 praise 칭찬하다 upcoming 다가오는

07

정답 ②

해설 몸의 조화가 깨질 때, 몸은 그 증상을 분명하게 나타내므로 그러한 신호들에 주의를 기울이라고 권고하는 글이다. 따라서 글의 제목으로 가장 적절한 것은 ② '당신의 몸의 신호를 들어라'이다.

① 정신의 문제는 신체의 문제가 된다 → 정신과 신체가 긴밀히 연결되어 있다는 점을 주장하는 글이 아니다. 글에서 언급된 '잠재 의식적인 지시 사항'은 신체 내에서 일어나는 신진대사를 일컫는 것으로, 이것이 어긋날 때 생기는 증상을 무시하지 말라는 것이 이 글의 요지이다.

③ 인간의 신체: 공연되는 예술 → 인간의 신체가 얼마나 훌륭한지 또는 놀라운지에 관해 서술하는 글이 아니다.

④ 신체: 성격의 거울 → '성격'에 관한 내용은 글에 나오지 않았다.

해석 몸은 의식적인 (예를 들어 운동) 그리고 무의식적인 (예를 들어 소화) 지시 사항을 지속적으로 미세하게 조정하는 것을 통하여 수천 가지의 신진대사 활동이 협주 되어 화음을 이루는 교향곡과 같다. 그 조화가 깨질 때, 몸은 우리에게 정보, 신호, 증상을 매우 직접적이고 분명한 방식으로 보낸다. 이러한 신호들을 우리 생활의 부담으로 보지 말고 그것들에 주의를 기울이는 것이 필요하다. 우리가 건강상의 증상을 무시하거나 억제한다면, 몸이 우리의 시선을 끌려고 시도하기 때문에 그것들은 계속해서 더 시끄럽고 더 극단적으로 될 것이다. 우리 차의 오일 경고등이 켜질 때, 우리는 경고등을 꺼 버리는가 아니면 서비스를 받기 위해 차를 정비소로 가져가는가? 우리는 보통 문제의 첫 징후가 나타나자마자 우리의 차를 수리소로 가져간다. 그러나 우리의 건강에 관한 한, 우리 중 얼마나 많은 사람들이 상황이 심각해질 때까지 기다리고 나서야 조치를 취하는가?

어휘 symphony 교향곡 metabolic 신진대사의 constant 지속적인 fine-tune 미세 조정을 하다 subconscious 잠재의식의 instruction 지시 사항 symptom 증상 obvious 분명한 burden 부담 suppress 억제하다 progressively (꾸준히) 계속해서 disconnect (연결을) 끊다 when it comes to ~에 관한 한 take action 조치를 취하다

08

정답 ①

해설 이 글은 우리가 기존의 정보를 무의식적으로 이용하여 생각한다고 서술한다. 특히 오랫동안 친밀하게 지낸 커플을 사례로 들어 과거의 행위를 기반으로 상대방의 행위를 예측할 수 있다고 언급한다. 마찬가지로 경영자도 소비자에 대한 기존의 지식을 바탕으로 미래를 예측할 수 있다는 내용이 되어야 하므로 빈칸에 들어갈 말로 가장 적절한 것은 ① '기존의 지식을 종합함'이다.
② 혁신적인 시스템을 도입함
③ 무의식적인 생각을 배제함 → 오히려 무의식적인 사고를 통해 추론한다고 하였다.
④ 과거의 실수를 분명히 인정함 → 실수나 잘못에 관한 언급은 없다.

해석 우리의 지식 중 너무나 많은 것이 무의식적이거나 암시적이어서 우리는 결코 우리가 아는 모든 것을 완전히 의식하고 있을 수는 없다. 우리는 종종 가까이에 있는 정보를 사용함으로써 놀라운 새로운 해답을 고안해 내는데, 이것이 우리의 귀납적이고 연역적인 사고 기술의 기본적인 기능이다. 이러한 무의식적인 사고 과정은 기존의 "정보"를 사용하여 새로운 해답으로 구성된 의식적인 생각을 만들어 낸다. 예를 들어, 오랫동안 친밀하게 지낸 커플은 보통 서로에 대한 그들의 깊은 이해 덕분에 상대방이 예상치 못한 사건에 어떻게 반응을 할 것인지에 관한 질문에 답할 수 있다. 이러한 이해는 과거의 행위를 기반으로 그들이 상대방의 미래 반응을 추측하는 것을 가능하게 한다. 마찬가지로, 고객들을 깊이 이해하는 경영자들은 회사가 신제품을 선보이기 전에 그것에 대한 소비자들의 반응을 정확하게 예측할 수 있을 것이다. 기존의 지식을 종합함으로써, 경영자는 제안된 소비자 유인책이 특정한 단위의 판매 목표를 달성할 것인지 아닌지를 알 수 있을 것이다.

어휘 unconscious 무의식적인 implicit 암시적인 devise 고안하다 inductive 귀납적인 deductive 연역적인 intimate 친밀한 infer 추측[추론]하다 anticipate 예상하다 incentive 유인책 innovative 혁신적인 exclude 배제하다 admit 인정하다 explicitly 분명히, 명백히

09

정답 ③

해설 배우기 위해서는 때로 초심자의 마음을 가지는 것이 필요하다는 내용의 글이다. 주어진 문장의 그는 타로 덱에 있는 '바보'를 지칭하며, such a drop은 ③ 앞에 나온, 절벽 너머로 발을 딛으려고 하는 행위와 연결된다. ③ 앞 내용은 주어진 문장의 however와도 적절히 연결되어, 그것이 부주의함이 아닌 강점이라는 주장으로 자연스럽게 이어진다. 또한 ③ 뒤의 this는 주어진 문장을 가리켜, 주어진 문장이 함의하는 바, 즉 기꺼이 초심자가 될 마음이 있어야 배울 수 있다는 점을 설명하고 있다. 따라서 주어진 문장이 들어갈 위치로 가장 적절한 것은 ③이다.

해석 초심자가 되는 것 그리고 어떤 면에서는 초심자로 남아 있는 것은 필요하고 도움이 된다. 이러한 이유로 직관주의자, 낭만주의자, 점쟁이 모두에게 사랑받는 타로 덱에는 바보 카드가 긍정적인 카드로 포함되어 있다. 바보는 젊고 잘생긴 남자로, 눈을 치켜뜬 상태로 산에서 여행하며 태양이 그에게 밝게 비치는데, 부주의하게도 절벽 너머로 발을 딛으려고 한다. 그러나 그의 강점은 바로 그러한 추락을 기꺼이 감수하는 것, 즉 다시 한번 바닥에 있을 위험을 감수하는 것에 있다. 이것이 우리에게 말하는 것은 더 높은 수준의 지혜를 배우고 도달하기 위해서는 기꺼이 어리석은 초심자가 되어야 한다는 것이다. 이러한 이유로 Carl Jung은 다른 카드 중에서도 바보를 완성된 개인인 구세주의 전신으로 간주한 것이다.

어휘 precisely 정확히, 바로 willingness 기꺼이 하는 마음 deck (카드의) 덱, 한 벌 beloved 인기 많은, 사랑받는 intuitionist 직관주의자 romantic 낭만주의자 fortuneteller 점쟁이 the Fool (타로의) 바보, 광대 카드 lift 들어 올리다 upward 위쪽을 향한 cliff 절벽 precursor 전신 the Redeemer 구세주

10

정답 ④

해설 마지막 2번째 문장에서 이 앱은 다음 주부터 다운로드 할 수 있다고 언급되므로, 글의 내용과 일치하지 않는 것은 ④ '현재 사람들이 다운로드할 수 있다.'이다.
① 시내버스를 이용하는 사람들에게 도움이 되도록 설계되었다. → 첫 문장을 비롯한 지문 전체에서 알 수 있는 내용이다.
② 사용자는 시내버스가 어디에 있는지 볼 수 있을 것이다. → 3번째 문장에서 언급된 내용이다.
③ 시내버스의 빈 좌석에 대한 데이터가 포함될 예정이다. → 4번째 문장에서 언급된 내용이다.

해석 **피바디 버스 앱을 소개합니다**
피바디시는 시내버스 승객에게 큰 도움이 될 새로운 앱을 출시할 예정임을 발표하게 되어 기쁩니다. 이 앱은 시내 각 버스가 운행하는 경로를 보여 주는 지도와 종합적인 버스 시간표를 제공합니다. 그뿐만 아니라 시내 모든 버스의 위치에 관한 실시간 정보도 제공합니다. 특정 버스에 빈 좌석이 있는지와 해당 버스가 당신의 특정 위치에 언제 도착할 예정인지까지도 알려 줍니다. 이 유용한 앱은 다음 주부터 다운로드할 수 있을 것입니다. 자세한 내용을 위해서는 저희 웹사이트를 방문하시거나 위의 QR 코드를 스캔하세요.

어휘 announce 발표하다 release 출시하다 tremendous 엄청난 assistance 도움 passenger 승객 feature 특징으로 삼다 comprehensive 종합적인 real-time 실시간의 regarding ~에 관하여 particular 특정한 specific 특정한, 구체적인 handy 유용한

01	③	02	②	03	②	04	③	05	②
06	②	07	④	08	④	09	②	10	③

01

정답 ③

해설 논란의 여지가 있는 도서로, 아무도 그것을 읽을 수 없었다는 설명을 통해 그 책에는 금지 표시가 있었을 것으로 추측할 수 있다. 따라서 빈칸에 들어갈 말로 가장 적절한 것은 ③ 'forbidden(금지된)'이다.
① 따분한 ② 유용한 ④ 거대한

해석 그 오래된 도서관에서 특정 도서는 논란의 여지가 있는 내용으로 인해 금지된 것으로 표기되어 아무도 그것을 읽을 수 없었다.

어휘 controversial 논란의 여지가 있는

02

정답 ②

해설 John이 10달러를 빌렸지만 이를 갚을 필요가 없었다는 말은 그녀가 그 돈을 받지 않기로 했거나 그녀 역시 그에게 빚을 진 상태여서 빚이 상쇄되는 경우임을 알 수 있다. 빈칸 앞의 also로 보아 후자의 경우임을 알 수 있으므로 빈칸에 들어갈 말로 가장 적절한 것은 ② 'owed(빚을 지다)'이다.
① 빌려주다 ③ 주다 ④ 다시 지불하다

해석 John은 Cathy에게 10달러를 빌렸지만 갚을 필요가 없었는데, 그녀도 그에게 10달러를 빚졌기 때문이다.

어휘 pay back 갚다

03

정답 ②

해설 (that → what) that은 관계대명사로 쓰일 땐 앞에 선행사가 있어야 하고, 접속사로 쓰일 땐 뒤에 완전한 절이 와야 한다. 여기서는 앞에 선행사가 없고 뒤에도 불완전한 절이 오고 있으므로, that을 came across의 목적어 역할과 looked의 주어 역할을 동시에 할 수 있는 관계대명사 what으로 고쳐야 한다.
① while 이하의 분사구문에서 타동사로 쓰인 explore 뒤에 목적어 the abandoned mine이 있으며 의미상 주어인 the geologists가 폐광을 '탐사한' 것이므로 능동의 현재분사 exploring의 쓰임은 적절하다.
③ 2형식 동사로 쓰인 look이 분사형 형용사를 보어로 취하고 있는데, 맥락상 발견물이 '마모된' 상태인 것이므로 수동의 과거분사 worn out은 적절하게 쓰였다.
④ 대명사 it이 가리키는 것은 문맥상 지질학자들이 발견한 것, 즉 what looked completely worn out이며 be동사의 보어가 불가산명사인 equipment이므로, 단수인 it과 was의 수일치는 적절하다.

해석 지질학자들은 폐광을 탐사하던 중 완전히 마모되어 보이는 것을 우연히 발견했고, 다른 사료들을 조사하면서 그것이 중요한 선사 시대 채굴 장비라는 것을 알아냈다.

어휘 abandoned 버려진 mine 광산; 채굴하다 geologist 지질학자 come across ~을 우연히 발견하다 worn out 닳은, 낡아 빠진 determine 알아내다 significant 중요한 prehistoric 선사 시대의

04

정답 ③

해설 빈칸은 내일 에어컨 수리 예약을 할 수 있냐는 Mary의 물음에 대한 응답으로, 이를 들은 Mary는 정오라는 구체적인 시간을 알려 주었다. 따라서 빈칸에 들어갈 말로 가장 적절한 것은 ③ '염두에 두신 구체적인 시간이 있으신가요?'이다.
① 도움을 드릴 수 있어 기쁩니다.
② 에어 필터는 점검하셨나요?
④ 죄송하지만 내일은 예약이 다 찼습니다.

해석 Mary: 안녕하세요, 사무실의 에어컨이 시원한 바람을 내지 않네요.
CoolBreeze Solutions: 안녕하세요. 저희 웹사이트에 있는 고장 수리 팁을 살펴보셨나요?
Mary: 네, 하지만 저희 상황에 맞는 것은 없는 것 같았어요.
CoolBreeze Solutions: 저희 기술자 중 한 명이 나와서 자세히 살펴볼 수 있도록 준비해 드릴 수 있어요. 언제가 좋으신가요?
Mary: 내일로 예약할 수 있을까요?
CoolBreeze Solutions: 염두에 두신 구체적인 시간이 있으신가요?
Mary: 정오쯤이면 좋을 것 같아요.
CoolBreeze Solutions: 알겠습니다. 내일 정오로 예약을 잡고 확인 메시지를 보내 드리겠습니다.

어휘 air conditioner 에어컨 troubleshooting 고장 수리 fit 들어맞다 arrange 준비[마련]하다 technician 기술자 confirmation 확인 be of service 도움이 되다 specific 구체적인 book 예약하다

05

정답 ②

해설 자원봉사에 관한 정보를 알아갈 수 있는 자리를 소개하는 글이므로, 글의 제목으로 가장 적절한 것은 ② '자원봉사에 대해 알아야 할 모든 것을 배우세요'이다.
① 심포지엄 연설자가 되기 위해 자원하세요 → 심포지엄 연설자는 이미 정해져 있고, 이들의 강연을 듣기 위한 사람을 모집하는 것이므로 적절하지 않다.
③ 시청에서 봉사하며 소중한 경험을 쌓으세요 → 시청에서 봉사하는 것이 아니라, 봉사에 관해 배워가는 것이므로 적절하지 않다.
④ 우리 공동체 최고의 자원봉사자 시상식

06

정답 ②

해설 글 중반부에서 행사는 오후 1시부터 2시 30분까지 진행된다고 말했으며, 30분은 각 연설자가 강연하는 시간임을 알 수 있으므로, 글의 내용과 일치하지 않는 것은 ② '심포지엄은 30분 동안 진행된다.'이다.
① 심포지엄은 시청에서 개최된다. → 글 초반부에서 언급된 내용이다.
③ 심포지엄에 참가하기 위한 예약은 필요 없다. → 글 후반부에서 언급된 내용이다.
④ 심포지엄 장소는 참석자 수에 따라 변경될 수 있다. → 글 후반부에서 언급된 내용이다.

05-06

자원봉사에 대해 알아야 할 모든 것을 배우세요

봉사 정보에 대한 주민들의 많은 요청에 따라 맨체스터 시청에서 이 주제에 대한 심포지엄을 개최합니다. 지역 주민 누구나 참석하여 자원봉사에 대한 모든 세부 정보를 알아가기를 환영합니다.

행사는 4월 11일 금요일 오후 1시부터 2시 30분까지 진행됩니다. 행사는 맨체스터 시청 207호에서 개최됩니다.

다음 분들이 심포지엄에 연설을 할 예정입니다:

연설자	주제
Janet Weatherspoon	우리 동네에서 할 수 있는 봉사활동의 종류
Paula Roth	자신에게 맞는 봉사활동 찾기
Rachel Lamplighter	봉사의 보상

*각 연설자는 약 30분 동안 강연합니다.

예약은 필요하지 않습니다. 그 공간은 50명을 수용할 수 있지만, 더 많은 인원이 참석할 경우 장소는 더 큰 곳으로 변경될 수 있습니다. 심포지엄에 대한 자세한 내용은 (302) 555-1823 내선 78번으로 전화하여 Roy Harper와 통화할 것을 요청하시길 바랍니다.

어휘 request 요청 resident 주민 host 주최하다 attend 참석하다 find out 알게 되다 take place 개최되다 hold 주최하다, 수용하다 available 이용할 수 있는 approximately 대략 reservation 예약 show up 나타나다 extension 내선 regarding ~에 관하여

07

정답 ④

해설 곤충은 음식으로서 소비될 때 고기보다 더 친환경적이며 식량 전환 과정이 고기보다 더 효율적이므로, 고기에 대한 훌륭한 대안이 될 수 있다는 점을 주장하는 글이다. 따라서 글의 요지로 가장 적절한 것은 ④ '곤충은 고기에 대한 더 친환경적이고 효율적인 대안을 제공한다.'이다.
① 곤충은 가축의 건강에 위협이 된다. → 곤충이 가축의 대안이라고 말했을 뿐, 가축의 건강을 해친다는 내용은 언급되지 않았다.
② 더 따뜻한 기후로 인해 곤충이 번성하고 있다. → 따뜻한 기후에서 곤충에 더 잘 산다는 사실을 글에서 알 수 있으나, 기후가 따뜻해지면서 곤충이 늘어나고 있다는 내용은 언급되지 않았으며 글의 요지와도 거리가 멀다.
③ 곤충은 일부 국가에서 인기 있는 식량 공급원이다. → 글에서 언급되지 않은 내용이다.

해석 귀뚜라미가 체중 증가량 1단위당 소보다 50% 더 적은 이산화탄소를 만들어 내고 닭보다 두 배, 돼지보다 네 배, 소보다 열두 배 더 효율적으로 먹이를 식량으로 전환한다는 것을 고려해 보면, 곤충은 (음식) 메뉴에서 더욱 인기를 끌 만하다. 곤충은 온혈이 아니기 때문에, 체중을 불릴 때 온혈 동물만큼 많은 열량을 소비할 필요가 없다. 곤충은 또한 살코기 단위 중량당 가축보다 더 적은 물을 소비한다. 기후가 따뜻한 지역에 위치한 (곤충은 작은 생물이고 따라서 포유동물보다 추위에 더 취약하다) 뒷마당 귀뚜라미 농장은 급증하는 기아에 허덕이는 사람들에게 놀라운 양의 단백질을 공급할 수 있으면서도, 그 농장은 한 은퇴자로 손쉽게 관리될 수 있을 것이다. 특히 몸집이 더 큰 가축을 기르기에는 공간이 부족한, 인구가 밀집된 국가에서는 식용 가능한 곤충이 동등한 양의 고기보다 훨씬 더 작은 환경 발자국을 남길 수 있다는 것을 부인하기는 어렵다.

어휘 cricket 귀뚜라미 carbon dioxide 이산화탄소 convert 전환하다 deserve ~할 가치[자격]가 있다 warm-blooded 온혈의 put on weight 체중이 늘다 livestock 가축 unit weight 단위 중량 flesh 고기, 살 vulnerable 취약한 mammal 포유동물 protein 단백질 surging 급증하는 retiree 은퇴자 edible 먹을 수 있는, 식용의 equivalent 동등한 rear 기르다, 사육하다 pose 제기하다 thrive 번성하다 alternative 대안

08

정답 ④

해설 이 글은 부모는 아이가 원하는 것을 줄 수 있기 때문에 권력이 있고, 반대로 아이도 부모가 원하는 것을 줄 수 있기 때문에 권력을 가진다고 말한다. 이는 강사와 학생 사이, 고용주와 직원 사이 등 광범위하게 적용되는데, 결국 여기서 '원하는 것'이란 '보상'을 말하며, 보상을 줄 수 있는 위치인 경우에 어떠한 일을 시킬 힘을 가진다는 것이 이 글의 요지이다. 따라서 빈칸에 들어갈 말로 가장 적절한 것은 ④ '보상의 관리를 통제하는'이다.
① 평가를 담당하는 → 부모는 아이를 평가하는 위치에 있다고 말할 수는 있으나, 아이는 평가를 잘 받으려고 특정 행위를 하는 것이 아니라, 부모에게서 어떠한 '보상'을 얻으려고 하는 것이다. 또한 글에서 소개된 아이, 학생, 직원은 상대를 평가하는 입장이 아니기 때문에 이 선지는 정답이 될 수 없다.
② 다른 사람을 가르칠 능력이 있는 → 가르치는 능력과는 관계없는 내용이다.
③ 사회적 계층에서 더 높은 위치에 있는 → 권력 행사는 양방향 프로세스라고 언급되므로 적절하지 않다.

해석 보상의 관리를 통제하는 사람은 상당한 권력을 행사한다. 이것은 아주 어릴 때부터 학습된다. 어린 자녀들은 부모가 소중한 자원에 대한 통제권을 가지고 있으며, 이를 얻기 위해서는 특정 과제를 수행해야 한다는 사실을 곧 깨닫게 된다. 또한 자신도 부모와 비슷한 권력을 가지고 있다는 것을 금방 깨닫고 부모와 거래하기 시작한다 (예: '제가 부모님을 위해서 A 학점을 받으면 자전거를 사 주실래요?'). 고용주가 직원에 대해 권력을 가지는 것처럼, 강사도 학생에 대해 권력을 가진다. 그리고 이 역시 양방향 프로세스이다. 직원은 더 열심히 일함으로써 고용주에게 도움이 되고, 학생은 수업에 출석하고 의욕적인 모습을 보임으로써 교수에게 도움이 될 수 있다.

어휘 exercise 행사하다 considerable 상당한 carry out ~을 수행하다 receive 얻다 lecturer 강사 employer 고용주 two-way 양방향의 turn up 나타나다 motivated 의욕이 있는 evaluation 평가 social ladder 사회 계층 administration 관리

09

정답 ②

해설 주어진 글은 자연이 비사회적인 동물들을 위해서 그들이 홀로 살아갈 수 있도록 하는 특성들을 선택했다는 내용이다. 이후에는 이 내용을 But으로 연결하여 자연이 반대로 사회적 동물들을 위해 선택한 능력을 언급하는 (B)가 오는 것이 자연스러우며, (B)에서 언급된 늑대와 닭 뇌의 차이에 이어서 먼저 닭의 특징을 설명하는 (A)가 오고, 역접의 연결사 on the other hand로 닭과는 반대되는 늑대의 특징을 설명하는 (C)가 마지막에 오는 것이 가장 자연스럽다. 따라서 글의 순서로 가장 적절한 것은 ② '(B) - (A) - (C)'이다.

해석 자연은 비사회적 동물들에 있어 그 동물들이 다른 동물들의 지원 없이도 물리적 환경으로부터 직접 먹이, 물, 공기 그리고 여타의 자원을 얻는 것을 가능하게 하는 특성들을 선택했다. (B) 하지만 사회적 동물의 경우 자연은 협력할 수 있는 능력을 선택했다. 그 결과 늑대의 뇌는 닭의 뇌와 크게 다르다. (A) 닭은 물리적 환경의 변화에 대한 반응을 촉진하는 뇌가 필요하지만, 동료 닭의 변화에 적응하기 위한 뇌는 필요하지 않다. (C) 반면 늑대는 사회적 위계질서가 확립된 무리에서 사냥한다. 이는 그들의 두뇌가 사회적 역할과 협동을 관리하는 데 능숙해야 함을 의미한다.

어휘 trait 특성 enable 가능하게 하다 obtain 확보하다 facilitate 촉진하다 response 반응 adjust 적응하다 fellow 동료의 capacity 능력 cooperate 협동하다 consequence 결과 substantially 상당히, 매우 pack 무리 established 확립된 hierarchy 위계 adept 능숙한 cooperation 협동

10

정답 ③

해설 이 글은 반응 시간과 이것이 자동차의 이동에 미치는 영향에 관한 글이다. 따라서 글의 흐름상 어색한 문장은 브레이크의 용도에 관한 내용의 ③이다.

해석 반응 시간이란 결정을 내린 다음 어떤 일을 하는 데 필요한 시간을 말한다. 예를 들어, 한 운전사가 움직이는 자동차 앞에서 공이 굴러가는 것을 본다. 그 운전자는 급히 브레이크를 밟고 자동차는 멈춰 선다. (브레이크는 자동차를 서게 할 뿐 아니라 자동차가 서행하도록 해 주기도 한다.) 비록 반응 시간은 보통 1초도 안 되지만, 자동차는 운전자의 반응 시간 동안에 움직인다. 만일 자동차가 시속 50킬로미터의 속력으로 움직이고 있다면, 그것은 운전자의 평균 반응 시간 동안에 10미터가량을 움직일 것이다.

어휘 reaction 반응 decision 결정 roll 구르다

01	④	02	④	03	②	04	④	05	④
06	③	07	②	08	①	09	④	10	④

01

정답 ④

해설 원래는 완전히 다른 것을 찾고 있었다는 설명으로 보아, 그 유물을 발견한 일은 의도치 않았던 우연이었음을 알 수 있다. 따라서 빈칸에 들어갈 말로 가장 적절한 것은 ④ 'accidental(우연한)'이다.
① 신성한 ② 고대의 ③ 신중한

해석 연구진은 처음에 완전히 다른 것을 찾고 있었기 때문에 이 유물을 발견한 것은 완전히 우연한 일이었다.

어휘 artifact 유물 initially 처음에 entirely 완전히

02

정답 ④

해설 문맥상 등위접속사 or를 통해 빈칸과 병렬되는 대상으로 적합한 것은 to physically attend이며, 병렬 대상의 급은 동일해야 하므로 빈칸에도 to부정사가 와야 한다. 따라서 빈칸에 들어갈 말로 가장 적절한 것은 ④ 'to join'이다.

해석 우리가 연락한 교수는 학회에 직접 참석할지 아니면 온라인으로 참여할지 결정을 아직도 미루고 있다.

어휘 put off 미루다 physically 물리적으로, 신체적으로 conference 학회

03

정답 ②

해설 (it emerged → did it emerge) 'only + 부사절'인 only when ~ crop이 문두에 오면 주어와 동사가 의문문의 어순으로 도치되어야 하므로, did it emerge가 되어야 한다.

① 분사구문에서 타동사인 surpass 뒤에 목적어가 없고, 의미상 주어인 São Paulo가 리우데자네이루에 의해 '제쳐진' 시점이 늦게 흥한 도시가 된 시점보다 더 이전이므로, 수동형 완료분사 having been surpassed는 적절하게 쓰였다.

③ many of ~ striking 절이 주절 The great diversity of ~ architectural styles. 중간에 삽입된 형태로, 두 개의 절을 연결하는 접속사 역할을 하면서 전치사 of의 목적어 역할을 동시에 하는 관계대명사 which는 적절하게 쓰였다. 참고로 which의 선행사는 the city's buildings이다.

④ 문장의 주어는 단수 명사인 The great diversity이므로 그에 수일치한 단수 동사 reflects의 쓰임은 적절하다.

해석 상파울루는 리우데자네이루에 밀려 늦게 흥한 곳인데, 커피가 브라질의 주요 수출 작물이 되고 나서야 경제 활동의 중심지로 떠올랐다. 그 도시 건물들의 엄청난 다양성은 매우 다양한 건축 양식을 반영하고 있으며, 그 건물들 중 많은 것들은 정말 인상적이다.

어휘 late bloomer 대기만성형, 늦게 성공하는 사람[것] surpass 능가하다, 제치다 emerge 부상하다 diversity 다양성 striking 두드러진, 인상적인 architectural 건축의

04

정답 ④

해설 요즘 프린터가 말썽이라는 B의 말에 A는 빈칸 내용을 언급하였다. 이에 B는 공감하며 지금 프린터는 너무 오래됐다고 한 후에 상사한테 그 얘기를 해 보는 것을 제안하였다. 따라서 빈칸에 들어갈 말로 가장 적절한 것은 ④ '새 프린터를 사는 걸 고려해 봐야 할 것 같아요.'이다.

① 그런데 이 프린터는 완전 새것이에요.
② 프린터를 다시 작동시키셨나요?
③ 어떤 종류의 문서를 인쇄하려고 하셨나요?

해석 A: Harry, 저 좀 도와줄 수 있나요? 프린터에 용지가 걸렸는데 나오질 않아요.
B: 그럼요. 요즘 프린터가 말썽이네요.
A: 새 프린터를 사는 걸 고려해 봐야 할 것 같아요.
B: 맞아요. 지금 프린터는 너무 오래됐어요. 저희 상사한테 얘기해 보는 건 어떨까요?
A: 그래야죠. 다음 팀 회의에서 그걸 제기해 볼게요.

어휘 bring up 제기하다 brand new 완전 새것인

05

정답 ④

해설 첫 문단에서 출장으로 인해 예정된 세미나를 진행하지 못할 것이라는 점을 전하는 것을 보아, 글의 목적으로 가장 적절한 것은 ④ '세미나 일정 차질에 대한 양해를 구하려고'이다.

① 세미나 참가를 신청하려고
② 세미나 장소 변경을 논의하려고 → 필자는 '장소'가 아닌, '일정' 변경을 논의하려 하고 있다.
③ 세미나를 진행할 강사를 추천하려고 → 본인이 진행하지 못하게 되었다고 했을 뿐, 다른 강사를 추천하고 있지는 않다.

06

정답 ③

해설 맥락상 value는 '소중하게 생각하다'라는 뜻으로 쓰였으므로, 이와 의미가 가장 가까운 것은 ③ 'cherish(소중히 여기다)'이다.
① 평가하다 ② 신뢰하다 ④ 추정하다

05-06

해석 수신: Eric Propst <ericpropst@tigriscc.org>
발신: Stacy Watkins <swatkins@dpd.com>
제목: 이번 주 세미나
날짜: 11월 3일

친애하는 Propst 씨에게,

유감스럽게도 제가 오늘 밤 런던으로 출장을 가서 다음 주까지 돌아오지 못할 것 같습니다. 따라서 저는 토요일 오후에 예정된 세미나를 진행할 수 없게 되었습니다.

제 상사인 Randy Martin이 한 시간 전에 전화를 걸어 저희 주요 고객 중 한 분과 문제가 있다고 알려 주었습니다. 그는 저에게 가능한 한 빨리 영국으로 가는 비행기를 타라고 했습니다. 그는 이 문제를 해결하는 데 며칠이 걸릴 것이라고 했기 때문에, 저는 다음 주 화요일이나 수요일까지는 집에 돌아오지 못할 것 같습니다.

이것에 대해 진심으로 죄송합니다. 아시다시피 저는 티그리스 커뮤니티 센터와의 관계를 소중하게 생각합니다. 비즈니스 윤리에 관한 세미나 일정 변경을 논의하기 위해 가급적 빨리 저에게 연락해 주세요.

유감을 전하며,

Stacy Watkins

어휘 regret to RV ~하게 되어 유감스럽다 travel on business 출장 가다 require 요구하다 determine 결정하다 reschedule 일정을 다시 잡다 ethics 윤리

07

정답 ②

해설 이 글은 기존의 독점적 소유 및 소비에서 자원을 공유하고 함께 소비하는 이른바 공유 경제가 어떻게 부상하고 있는지를 말하고 있다. 따라서 글의 주제로 가장 적절한 것은 ② '공유 경제의 출현'이다.
① 임대료 인하의 필요성
③ P2P 공유의 장단점 → P2P의 출현에 관해 서술할 뿐, 그것의 장단점을 논하고 있지는 않다.
④ 공동 소비의 잠재적인 위험 → 공동 소비에 관한 글이나, 그것의 위험성을 지적하고 있지는 않다.

해석 우리는 자원의 독점적 소유 및 소비에서 공유적 사용 및 소비로의 전환을 광범위한 영역에서 목격하고 있다. 이러한 변화는 자발적이며 인터넷 기반 교환 시장 및 중개 플랫폼에 의해 가능해지는 획기적인 새로운 P2P 공유 방식을 활용하고 있다. 미국 및 기타 지역의 여러 성공적인 사업체는 P2P 제품 공유 또는 공동 소비의 실행 가능성에 대한 개념 증명 및 증거를 제공하고 있다. 이러한 사업체 및 기타 업체는 소유자가 자산을 단기적으로 임대하게 해 주고, 비소유자는 필요에 따라 임대를 통해 이러한 자산에 접근할 수 있게 해 준다. 종합적으로, 이러한 사업체들과 제품 및 서비스의 공동 소비의 기타 조짐은 공유 경제라고 알려지고 있는 것을 탄생시키고 있다.

어휘 witness 목격하다 domain 영역 shift 전환 exclusive 독점적인 consumption 소비 innovative 획기적인 mediation 중개 viability 실행 가능성 collaborative 공동의 asset 자산 basis 근거, 기준 manifestation 표상, 조짐 emergence 출현 potential 잠재적인

08

정답 ①

해설 이 글은 문화적 행동의 독특한 특성은 멘델의 유전 법칙이 아닌 모방에 의해 전해지는 것이라고 주장한다. 또한 문화를 습득하기 위해서는 종족의 다른 구성원들을 자주 접촉할 수 있어야 함을 강조하고 있으므로, 문화적 행동은 사회적 교류를 자주 할 수 있는 환경에서 잘 형성될 것임을 알 수 있다. 따라서 빈칸에 들어갈 말로 가장 적절한 것은 ① '사회 집단을 형성하다'이다.
② 동물적 본능을 넘어서다 → 모방을 통해 문화를 습득하는 것이 동물적 본능을 넘어서는 행위라는 점은 글에서 언급되지 않았다.
③ 우월한 유전자를 소유하다 → 문화적 행동을 습득하는 것은 유전의 문제가 아니라고 언급되므로 적절하지 않다.
④ 암기를 잘하다 → 다른 동물을 통해 배우고 기억할 수 있어야 한다고 언급되나, 이 글은 이에 더불어 다른 구성원을 자주 접촉해야 한다는 점을 더 강조하였다. 글의 전체적인 맥락을 봤을 때 잘 기억하는 능력은 부차적인 것에 불과하다.

해석 동물 행동학자들이 사용하는 용어인 문화적 행동의 독특한 특성은 그것이 한 세대에서 다른 세대로 전해지는 방식이다. 문화적 행동은 멘델의 유전학 과정에 의해 유전되는 것이 아니라, 모방에 의해 '물려받는다'. 동물은 다른 동물로부터 행동 패턴을 모방함으로써 이를 습득한다. 그래서 한 종족이 문화를 습득하기 위해서는 그들의 구성원들이 배우고 기억할 수 있어야 할 뿐만 아니라, 자기 종족의 다른 구성원들을 충분히 자주 접촉할 수 있어야 한다. 그러므로 문화적 행동은 <u>사회 집단을 형성하는</u> 종족에서 발견될 가능성이 가장 크다.

어휘 distinctive 독특한, 특색 있는 property 속성, 특성 ethologist 동물 행동학자 inherit 물려받다 genetics 유전학 imitation 모방 species 종 sufficiently 충분히 surpass 넘어서다 possess 소유하다 superior 우월한

09

정답 ④

해설 20세기 후반의 미국과 소련의 냉전에 대한 글이다. 주어진 문장은 that이 지칭하는 것이 그 전쟁이 무혈이거나 피해자가 없음을 의미하지는 않았다는 내용으로, However로 시작하는 것을 미루어 보아 앞서 전쟁의 피해가 없었다는 내용이 와야 함을 알 수 있다. 이때 ④ 앞에서 냉전으로 대치한 소련과 미국의 직접적인 싸움이 없어 '차가웠다고' 말했는데, ④ 이후에서는 갑자기 미국과 소련이 다른 나라의 전쟁에 참여하여 '뜨거운' 전쟁이 발발했다고 했으므로 맥락상 단절이 일어난다. 따라서 주어진 문장의 that은 ④ 앞 내용을 가리키는 것을 알 수 있으며, 주어진 문장을 통해 맥락이 반전되어 ④ 이후의 내용이 이어지는 것이 자연스럽다. 따라서 주어진 문장이 들어갈 위치로 가장 적절한 것은 ④이다.

해석 냉전은 무엇이었을까? 더 대답하기 쉬운 질문은, 20세기 후반 동안 특히 미국과 소련의 시민들에게 냉전은 무엇을 아우르지 않았는가이다. 냉전은 두 개의 다른 경제 체제들 사이의 이념적 충돌이었는데, 두 개의 세계 초강대국에 의해 싸움이 붙여졌다. 그러나 실제로는, 냉전은 전 세계 사람들로 하여금 자유, 인권, 정부의 역할과 민주주의 등에 대한 상이한 생각들을 씨름하도록 했다. 냉전은 엄밀히 따지면 '차가웠기' 때문에 냉전이라 불렸는데, 두 주요 상대국 사이에 직접적인 싸움은 없었기 때문이다. <u>하지만, 그것이 그 전쟁이 무혈이었다거나 희생자가 없었음을 의미하지는 않았다.</u> '뜨거운' 싸움은 지구 곳곳에서 발발했는데, 가장 유명하게는, 미국은 한국과 베트남에서의 전쟁에 참여했고, 소련은 중국과 아프가니스탄에서의 전쟁에 참여했다.

어휘 victim 희생자 latter half 후반부 encompass 아우르다, 포함하다 ideological 이념적인 clash 충돌 champion ~을 위해 싸우다 struggle 씨름하다 differing 상이한 democracy 민주주의 technically 엄밀히 말하면 opponent (대립의) 상대 erupt 발발하다

10

정답 ④

해설 (A) 앞에선 고대 문화가 뇌를 중요시했다는 내용이 나오고, 뒤에선 그것이 선사시대부터 뇌와 정신을 연관 지었음을 의미하진 않는다는 상충되는 내용이 나오므로, (A)에 들어갈 연결사로 가장 적절한 것은 However이다. 또한, (B) 앞에서 과학 시대 이전에는 정신적 기능이 꼭 뇌에 기인한다는 것이 자명하지 않았음을 말하는데, 뒤에서 그에 대한 예로 뇌 대신 심장을 정신의 근원으로 여긴 이집트인을 들고 있으므로, (B)에 들어갈 연결사로 가장 적절한 것은 for instance이다.

해석 초기 문명에서 뇌를 노출시키기 위해 두개골 일부를 제거하는 수술 기법인 두부 절개술의 광범위한 출현은 고대 문화가 뇌를 중요한 기관으로 인식했음을 시사한다. <u>그러나,</u> 이것이 반드시 뇌와 정신 사이의 연관성이 선사시대에 그 뿌리를 두고 있다는 것을 의미하지는 않는다. 실제로, 과학 시대 이전의 오랜 역사는 정신적 기능이 반드시 뇌에 기인해야 한다는 것이 전혀 자명하지 않았음을 시사한다. <u>예를 들어,</u> 이집트인들은 분명 뇌를 특별히 높이 평가하지 않았는데, 미라를 만드는 과정에서 그것은 퍼내어 버려졌기 때문이다. 고대 이집트인들에게 지능과 생각을 지닌 것으로 여겨진 것은 심장이었고, 아마 이러한 이유로 고인을 미라로 만들 때 그것이 신중하게 보존되었을 것이다.

어휘 occurrence 출현 surgical 수술의 trepanation 두부 절개술 removal 제거 skull 두개골 critical 중대한 organ 기관 prehistory 선사시대 prior to ~에 앞서 self-evident 자명한 attribute A to B A가 B에 기인한다고 생각하다 esteem 존경, 존중 mummification 미라화 scoop out 파내다 discard 버리다 credit A with B A에게 B가 있다고 믿다 intelligence 지능 deceased 사망한

01	③	02	①	03	③	04	③	05	②
06	③	07	④	08	①	09	①	10	②

01

정답 ③

해설 다양한 기후에서 자란다는 말을 통해 그 식물은 다양한 기온을 견딜 수 있다는 것을 알 수 있으므로, 빈칸에 들어갈 말로 가장 적절한 것은 ③ 'tolerate(견디다)'이다.
① 모방하다 ② 통합하다 ④ 종료하다

해석 이 식물은 광범위한 기온을 견딜 수 있는데, 이는 그것이 다양한 기후에서 자랄 수 있게 한다.

어휘 a wide range of 광범위한, 다양한 temperature 기온 climate 기후

02

정답 ①

해설 (been given → given) 맥락상 give가 3형식 동사로 쓰여 뒤에 목적어인 much thought이 오고 있으므로 수동태가 아닌 능동태 have never given으로 쓰여야 한다.
② 뒤에 가산복수명사인 companies가 오고 있으며, 맥락상 '거의 없는 회사'가 아닌 '몇몇 회사'라는 뜻이 되어야 자연스러우므로 a few의 쓰임은 적절하다. '거의 없는'이라는 뜻의 few나 불가산명사를 수식하는 a little과의 구별에 유의해야 한다.
③ if는 명사절을 이끌 경우 타동사의 목적어로 쓰일 수 있으므로 적절하게 쓰였다.
④ worth는 '~할 가치가 있다'라는 뜻을 나타낼 때 'be worth RVing' 형태로 쓰이므로 뒤에 동명사 purchasing이 온 것은 적절하다. 참고로 worth 뒤에 오는 동명사는 수동으로 해석된다.

해석 당신은 아마도 재무제표에 대해 깊이 생각해 본 적이 없을 테지만, 이제 몇몇 회사를 살펴보고 그곳들의 주식이 매수할 가치가 있는지 파악하려고 노력하고 있다.

어휘 financial statement 재무제표 figure out 파악하다

03

정답 ③

해설 A가 B에게 추가 수당 없이 야근하고 있는 상황에 관한 민원을 제기하고 있다. B의 빈칸 물음에 A는 조금이나마 주어지는 보상을 언급하고 있으므로, 빈칸에 들어갈 말로 가장 적절한 것은 ③ '보상이 전혀 없나요'이다.
① 내일 쉬시나요
② 그렇게 된 지 얼마나 되었나요
④ 연봉으로 얼마를 원하시나요

해석 A: 안녕하세요, 직장에서 발생한 문제에 대해 불만을 제기하려고 왔어요.
B: 네. 무엇이 문제인가요?
A: 제 매니저가 추가 수당 없이 저희에게 야근을 시키고 있어요.
B: 보상이 전혀 없나요?
A: 다음 날 반차만 받아요.
B: 그건 그다지 적절한 보상이 아니네요. 먼저 이 양식에 자세한 내용을 작성해 주시겠어요? 곧 불만 사항을 검토하겠습니다.
A: 네. 감사합니다.

어휘 file a complaint 불만을 제기하다 overnight shift 야근 half-day off 반차 proper 적절한 compensation 보상 fill out 작성하다 salary 연봉

04

정답 ③

해설 빈칸은 파손된 물품을 어떻게 처리하길 원하냐는 물음에 대한 대답으로, 이를 들은 Ben's Suppliers는 물품을 다시 보낼 수 있도록 파손된 물품 목록을 알려 달라고 말했다. 따라서 빈칸에서 Brad는 물품 교체를 원한다고 말했을 것으로 추측할 수 있으므로, 빈칸에 들어갈 말로 가장 적절한 것은 ③ '가능한 한 빨리 교체품을 원합니다'이다.
① 저희는 빠른 배송을 보장합니다
② 저희는 주문한 제품을 받은 적이 없습니다
④ 저희는 기한 내에 송금할 수 없습니다

해석 Brad: 안녕하세요. 제품을 받았는데 일부가 부서진 것을 발견했습니다.
Ben's Suppliers: 불편을 끼쳐 드려 진심으로 사과드립니다. 파손된 물품은 어떻게 처리하면 좋을까요?
Brad: 가능한 한 빨리 교체품을 원합니다.
Ben's Suppliers: 물론입니다. 저희가 다시 보낼, 배송 중 파손된 물품의 목록을 알려 주세요.
Brad: 알겠습니다. 잠시 후에 전달해 드리겠습니다.

어휘 sincerely 진심으로 inconvenience 불편 shipment 배송 hand over 전달하다 ensure 보장하다 replacement 교체(물) wire the payment 송금하다

05

정답 ②

해설 서두에서 올해 퍼레이드의 경로가 변경되었음을 안내한 뒤 그 이유를 설명하고 있으므로 글의 제목으로 가장 적절한 것은 ② '올해 브라이튼 퍼레이드의 새로운 경로'이다.
① 올해 퍼레이드의 규모가 축소되다 → 올해 더 많은 인원을 수용하기 위해 퍼레이드의 경로를 바꾼 것이므로 적절하지 않다.
③ 브라이튼 악단에 합류하기 위해 오디션을 보세요 → 브라이튼 악단 오디션을 안내하는 글이 아니다.
④ 브라이튼 퍼레이드가 취소되었음을 알려드립니다 → 퍼레이드의 경로가 변경되었을 뿐, 취소된 것은 아니다.

06

정답 ③

해설 글 중반부에서 브라이튼 고등학교 및 대학교는 봉사를 자청했다고 언급되므로, 글의 내용과 일치하지 않는 것은 ③ '지역 학교는 참가를 위해 비용을 지급받았다.'이다.
① 행사는 약 2시간 동안 진행된다. → 글 중반부에서 언급된 내용이다.
② 일부 거리는 오전에 폐쇄된다. → 글 중반부에서 언급된 내용이다.
④ 작년 참가자 수는 기록을 세웠다. → 글 후반부에서 언급된 내용이다.

05-06

해석
올해 브라이튼 퍼레이드의 새로운 경로

브라이튼의 연례 여름 퍼레이드가 올해 중요한 변화와 함께 돌아옵니다. 2024년에는 퍼레이드 경로가 크게 변경됩니다. 전통적으로 퍼레이드는 익숙한 경로를 따라 진행되었지만, 올해 주최 측은 늘어나는 인파를 더 잘 수용하고 브라이튼의 다양한 지역을 강조하기 위해 새로운 경로를 도입했습니다.

7월 10일 토요일 퍼레이드는 원래와 같이 오전 9시에 시작하여 오전 11시에 끝납니다. 하지만 이제 메리디안 공원 대신 리버사이드 공원에서 시작됩니다. 퍼레이드는 시더 길을 따라 내려가 애쉬포드 거리에서 좌회전하여 마켓 길을 따라 계속 진행되며 시청에서 끝납니다. 이에 따라 행사 당일 오전 7시부터 정오까지 이 도로들의 교통이 통제됩니다.

퍼레이드에는 자원봉사를 자청한 브라이튼 고등학교와 브라이튼 대학교의 악단과 지역 기업이 후원하는 다양한 차량 및 전시물이 등장할 예정입니다.

새로운 경로를 참고하여 그에 따라 계획을 세워 주시기 바랍니다. 경로가 변경됨에 따라 올해는 작년의 기록적인 참가 인원보다 더 많은 인원이 참석할 수 있기를 기대하고 있습니다.

어휘 annual 연례의 notable 중요한 route 경로 significantly 크게 alter 변경하다 organizer 주최하는 사람 accommodate 수용하다 highlight 강조하다 as usual 평상시처럼 proceed 진행하다 [진행되다] traffic 교통 feature 특징을 이루다 marching band 악단 vehicle 차량 sponsor 후원하다 accordingly 그에 따라 attendance 참석자 수 record-setting 기록적인, 기록을 세운

07

정답 ④

해설 이 글은 매력적이거나 눈에 잘 띄는 동물에 대한 보존 의식은 뚜렷하나, 눈에 덜 띄는 종에 대한 관심은 부족하다는 점을 서술하고 있다. 그러한 종 역시 우리에게 중요하며 사라져서는 안 될 존재임을 강조하고 있으므로, 글의 요지로 가장 적절한 것은 ④ '보존 노력은 덜 매력적인 종까지 확대되어야 한다.'이다.
① 인도는 곤충 개체 수 증가로 어려움을 겪고 있다. → 글에서 확인할 수 있는 사실이나, 이 내용은 덜 매력적인 종 중 하나인 개구리의 중요성을 알리기 위한 부연에 불과하며 글의 핵심에서도 벗어난다.
② 매력적인 종일수록 멸종 위기에 처하기 쉽다. → 이러한 내용은 글에서 언급되지 않았다.
③ 눈에 잘 띄지 않는 종에 대한 관심이 높아지고 있다. → 오히려 관심을 불러일으키기 어렵다고 말했으므로 옳지 않다.

해석 멸종 위기에 처한 판다, 대왕고래, 코뿔소, 침팬지는 일반적으로 대서특필되는데, 그 이유는 그것들이 가장 매력적이거나 눈에 띄는 희생양이기 때문이다. 대부분의 보존 노력이 이러한 종에 쓰인다. 덜 매력적인 종들에 대한 관심을 불러일으키는 것은 흔히 어렵지만, 눈에 덜 띄는 많은 종은 자연계의 주요한 구성 요소이며, 핵심종이기도 하다. 눈에 띄지 않는 많은 종은 인간의 안녕에 지극히 중요하다. 예를 들어, 인도에서 개구리 개체군의 급격한 감소는 곤충이 농작물에 끼치는 높은 피해율과 개구리 먹이의 주요 구성 요소의 하나인 모기에 의해 전염되는 심각하고 때로는 치명적인 질병인 말라리아 증가의 부분적인 원인일 수도 있다. 따라서 종을 잃는 것은 단지 미적인 비극만은 아닌데, 그것은 종이 얼마나 매력적인지와 관계없이 지대한 환경적, 경제적, 건강상의 결과를 낳을 수 있다.

어휘 endangered 멸종 위기에 처한 blue whale 대왕고래 rhino (=rhinoceros) 코뿔소 make the headlines 대서특필되다 appealing 매력적인, 흥미를 끄는 preservation 보존 stir (관심을) 불러일으키다 conspicuous 눈에 띄는 keystone species 핵심종 fatal 치명적인 transmit 전염시키다 aesthetic 미적인 profound 지대한, 심오한 regardless of ~에 관계없이

08

정답 ①

해설 이 글은 사람의 지적 능력에는 유전적인 제약이 있다는 믿음을 지적하며, 지능을 단지 검사나 성적표를 통해 확인 가능하다고 믿는 것을 비판하고 있다. 마지막 부분에서 IQ 검사 역시 원래는 지능을 추정하기 위한 시험이 아니었음을 서술하고 있다. 이를 통해 필자는 지능을 추정할 수 있다는, 즉 지능이 정해져 있다는 믿음을 '파괴적인 낭설'로 보았을 것으로 추측할 수 있다. 따라서 빈칸에 들어갈 말로 가장 적절한 것은 ① '지능은 타고나며 변하지 않는다'이다.
② 우리의 지능에는 한계가 없다 → 오히려 필자의 주장에 가까운 선지이므로 반대된다.
③ 집단 IQ가 개인 IQ보다 높다 → 집단 IQ에 관한 내용은 언급되지 않았다.
④ 지능보다 노력이 더 중요하다 → 지능과 노력의 중요도를 비교하는 내용은 언급되지 않았다. 또한 지능보다 노력이 더 중요하다는 것을 낭설로 보았다면 지능이 노력보다 더 중요하다고 생각했다는 뜻인데, 이는 필자의 주장에 들어맞지 않는다.

해석 모든 가장 파괴적인 낭설 중 하나는 지능은 타고나며 변하지 않는다고 우리에게 말하는 낭설이다. 대부분의 지적 능력은 물려받은, 즉 유전적인 제약에 의해 엄격하게 제한되기 때문에 교육, 기회, 동기, 성실은 어느 정도까지만 사람을 이끌 수 있다고 수 세기 동안 널리 믿어졌고 지금도 여전히 그렇다. 더 안 좋은 것은, 이러한 제약이 어떤 검사나 몇 장의 성적표, 어쩌면 사람의 신체적 외모를 단지 흘긋 보는 것만으로 확인 가능하다고 믿는 것이다. 1900년대 초에 지능 지수 (IQ) 검사를 개발한 프랑스의 심리학자인 Alfred Binet는 아직 살아 있었다면 오늘날 분명히 그 검사의 가장 강경한 비판자 중의 하나가 되었을 것이다. 그는 심각한 정신적 문제 또는 학습 장애를 앓고 있는 아이들을 식별해서 그 아이들이 초기에 특별한 관심을 받을 수 있도록 하려는 목적으로 특별히 그 검사를 만들었다. Binet는 그의 검사가 사람이 똑똑하게 태어났는지 아닌지에 대한 광범위한 추정을 하는 데 사용될 것이라고는 전혀 의도하지도, 상상하지도 못했다.

어휘 destructive 파괴적인 myth 근거 없는 믿음 tightly 엄격하게 confine 제한하다 inherited 물려받은 genetic 유전적인 restraint 제약 identifiable 확인 가능한 nothing more than ~에 불과한 mere 단순한 glance 흘긋 봄 physical appearance 외모 quotient 지수 vocal 강경한 critic 비판자 specifically 특별히 identify 식별하다 suffer 시달리다 disability 장애 intend 의도하다 sweeping 광범위한 assumption 추정 innate 타고난, 선천적인 fixed 변하지 않는, 고정된

09

정답 ①

해설 주어진 글은 심장병으로 인한 사망 비율에 관한 내용으로, 이를 That으로 받아 그것이 의미하는 구체적인 수치를 언급하는 (B)가 와야 한다. 심장병은 차별하지 않는다는 (B)의 마지막 말 뒤에는 심장병을 It으로 받아, 그것은 인종과 민족에 관계없이, 즉 차별 없이 영향을 미친다는 내용의 (A)가 와야 한다. 마지막으로, But을 통해 글의 흐름을 긍정적으로 전환하여 심장병이 예방 가능하다는 점을 서술하는 (C)로 글이 마무리되는 것이 자연스럽다. 따라서 글의 순서로 가장 적절한 것은 ① '(B) - (A) - (C)'이다.

해석 심장병은 미국에서 사망자 4명 중 1명을 차지하는 주요 사망 원인이다. (B) 이는 매년 그 질환으로 사망하는 사람이 약 610,000명이라는 것이다. 그리고 심장병은 차별하지 않는다. (A) 그것은 모든 인종과 민족적 배경에 걸쳐 개인에게 영향을 미친다. 그 누구도 그 영향에서 자유로울 수 없다. (C) 하지만 좋은 소식은 심장병은 대체로 예방할 수 있다는 것이다. 일찍부터 건강한 생활 습관을 도입함으로써 심장을 건강하게 유지하고 잠재적으로 더 오래 살 수 있다.

어휘 account for ~을 차지하다 race 인종 ethnicity 민족적 배경 immune ~의 영향을 받지 않는, 면역이 된 condition 질환 discriminate 차별하다 largely 대체로 preventable 예방 가능한 adopt 채택하다 potentially 잠재적으로

10

정답 ②

해설 더 세심한 후속 조치를 받은 환자는 치료에 대한 만족도가 더 높았다는 내용의 글로, 후속 조치의 필요성을 주장하고 있다. 따라서 글의 흐름상 어색한 문장은 의료 서비스의 궁극적인 목표가 질병을 예방하고 건강한 노화를 도모하는 데 있다는 내용의 ②이다.

해석 역설적이게도 일부 연구에 따르면 행한 것이 실제로 환자의 건강이 개선되게 하지 않더라도 더 많은 조치가 행해지면 환자가 더 만족할 수 있다고 한다. 버지니아 병원 아홉 군데의 연구자들은 퇴원한 환자를 대상으로 더 빈번한 전화를 통한 후속 조치의 이점을 테스트했다. (의료 서비스의 궁극적인 목표는 사망을 지연시키는 것뿐만 아니라 질병을 예방하고 건강한 노화를 도모하는 것이다.) 실제 치료가 이루어지지 않았음에도 불구하고 더 면밀한 후속 조치를 받은 사람들은 치료에 대한 만족도가 더 높았다. 이는 환자들이 빈번한 연락을 더 나은 치료와 동일시하는 경우가 많다는 것을 시사한다. 따라서 정기적인 후속 조치는 환자 만족도 측면에서 의료 개입만큼이나 중요할 수 있다.

어휘 paradoxically 역설적이게도 suggest 시사하다 satisfied 만족하는 frequent 빈번한 follow-up 후속 조치 release 놓아 주다 ultimate 궁극적인 prevent 예방하다 aging 노화 equate 동일시하다 intervention 개입 contentment 만족

Staff

Writer	심우철
Director	강다비다
Researcher	정규리 / 한선영 / 장은영 / 김도현
Design	강현구
Manufacture	김승훈
Marketing	윤대규 / 한은지 / 유경철

발행일: 2024년 12월 20일 (2쇄)

내용문의: http://cafe.naver.com/shimson2000